シリーズ〈人間論の21世紀的課題〉

福祉と人間の考え方

5

徳永哲也 Tetsuya Tokunaga
亀口公一 Koichi Kameguchi
杉山 崇 Takashi Sugiyama
竹村洋介 Yosuke Takemura
馬嶋 裕 Hiroshi Majima
著

ナカニシヤ出版

まえがき

この本を手にとってみたあなたは、福祉のあり方や人間そのものの姿について、何か考えを深める手がかりがほしいと思った人なのだろうか。あるいは、現代社会に対して、哲学や倫理学といった理念的なものを追求する営みから迫ってみたいと思った人なのだろうか。そうした人たちとともに、その問題関心を整理し、さらに議論を深めていこうという意図から、この本は誕生した。

今という時代、何かしらの「生きにくさ」を感じている人は多い。日本の一年間の自殺者が二万人そこそこだったのが、三万人以上に急増したのが一九九八年。二〇〇六年あたりから少しは減り始めて、やっと三万人を切るかもしれないが、その減少の理由は「ようやく景気が回復してきたから」というもので、追い詰められる人々のこころが救われるシステムが整ったからだ、とは思えない。むしろ、子どものいじめが原因と見られる自殺など、救われない事例は目立っている。

福祉社会づくりに目を向けても、事態はむしろ深刻化しているように見える。日本社会の高齢化は進み、二〇〇〇年からの介護保険制度も改正されながら定着が図られているが、「これで老後の安心は確保されつつある」という実感は、まだない。障害者問題は、支援費制度そして自立支援法と改革が進められているが、「かえって障害者が切り捨てられている。これでは改悪だ」という声が聞こえてくる。

すべてが悪い方向に進んでいるというわけではない。むしろ、潜在的にあった諸問題が顕在化してきたということだろう。多くの改革は「よかれと思って」なされているし、問題点を報道するマスコミも、事態を混乱させて足を引っぱってやろうとは思っていないだろう。それでもわたしたちの印象は、「悪いことばかりが増えている。世の中は暗い方向に進んでいる」というものが多い。希望より暗闇を感じさせる世界は、特にこれから伸びていくべき子どもや若者にとって好ましいものではない。

この本は、こんな時代に何をどこから考え直せばよいかを、訴えかけようとしている。「教える」などと大それた考えは持っていないが、「問題を筆者なりに整理して提言し、ともに考える一里塚をつくる」という姿勢で臨んでいる。哲学、心理学、社会学、教育学といった立場から研究と実践を重ねてきた共著者たちが、持ちうる知恵を集めて、現代社会を見直して展望を拓く一冊の書に仕上げたつもりである。

この本を作るにあたっての目標は、現代の福祉と人間に関する基本的な問題をわかりやすく説き明かすこと、そして諸分野を接合して包括的な視座を獲得できるようにすることであった。若い人たちへの入門書になるように、そしてある程度の学びや実践を重ねた人たちが原点に立ち返って問題を考え直せるように、という意図をもって書かれている。

編集世話人を務めた徳永は、哲学をベースとして、最近は「福祉哲学」という講座を大学で開いたり、生命・環境倫理の著作を出したりしている。その下に、心理学者であり臨床心理家でもある杉山、家族社会学や社会教育に詳しい竹村、教育学と心理学を学び障害者授産施設の施設長を務める亀口、倫理学研究を重ねている馬嶋、この四名が集められ、計五名による共著となった。

この共著では特に、人々のこころの安寧をどう築けるか、よき社会づくりへの納得はどう得られるかを、共同で考えようとした。その問題関心に集う共著者のうち、亀口は日本臨床心理学会の、杉山は日本心理臨床学会の、竹村は日本社会臨床学会の、それぞれ会員である。亀口と竹村は、その所属学会の委員まで務めている。これら三学会は、日本の臨床心理学における学問の権威性や心理士資格のあり方をめぐって三つに分立している（その経緯は第2章末の参考文献に挙げた『「臨床心理学」という近代』に譲る）が、かれらをあえて一冊の本の共著者に選んだのも、ひとつの挑戦である。ある種の「呉越同舟」状態からどのような共同作業を成しえたか、読者の皆さんの評価を待ちたい。

第5巻編集世話人
徳永哲也

福祉と人間の考え方 ＊ 目次

目　次

福祉と人間の考え方

第Ⅰ部

福祉社会への思索

第1章　福祉の時代と言うけれど

1　福祉論議を哲学しよう

日本社会の能天気ぶり

日本社会では、少子高齢化が話題になって久しい。平均寿命は国別男女総合で世界のトップだし、子どもの数についても「出生率最低記録を今年も更新」といった形でニュースになる。二〇〇〇年から始まった介護保険制度は、難点を指摘されながら改正が試みられている。障害者問題も、〇三年からの支援費制度、〇六年からの自立支援法と、制度改革が賛否両論と現実の厄介さを抱えながら繰り返されている。一方で児童虐待や子育て支援が話題となり、一方で年金制度の空洞化など社会保障不安がささやかれる。こころの病の増加、自殺者年間三万人時代、日本国内と世界の安全への不信と、どうも世間は暗い影を多く見せている。日本を含む多くの先進諸国が、二十世紀後半から福祉国家を、そして福祉社会を目指してきたというのに、いったいどうしてこうも欠点が目立つのだろうか。

もちろん悪い話ばかりではない。景気はやっと上向きと言われるし、オリンピックやワールドカップに世間は屈託なく盛り上がる。ホリエモンやヒルズ族が良くも悪くもトップニュースになる「平和さ」を見るにつけても、要するに日本は総体としては豊かさを確保していて、国の借金が八百兆円と脅されても、何とかなるさという能天気ぶりはあまり変わらないらしい。

能天気なのは無責任で悪いことだ、と決めつけはしない。悲観主義よりは楽観主義の方がいいし、うつむくよりは前向きの方が喜ばしいと言えるだろう。ただ、事態を冷静に見極めて、何が問題なのか、どうすれば本意にかなうのかをしっかり展望していく姿勢はあった方がいい。高齢者介護や障害者バリアフリーの推進に限らず、広く人の世の生きづらさを改善してホッとできる幸せを増やすのが福祉なのだと、とりあえずここでは定義しておく。すると、上述の影の部分を直視せずに「まあいいか」とやり過ごすのでなく、きちんと整理して考えていくのが、本当の福祉ある社会作りに役立つのではないだろうか。

哲学するという提言

今という時代への取り組みとして、「福祉を哲学する」ことを端的に提言したい。「哲学する」という動詞は日本語としてはなじみにくいが、哲学伝統国ドイツでは、フィロゾフィーという名詞より前にフィロゾフィーレンという動詞が確立している。「根本原理から考え、理念を練り上げる」という趣旨で、哲学する姿勢を多くの人が共有することが有益だと考える。「哲学的に考える」と言い直すとかえって、易しいことでも無理に小難しく理屈づけるかのような響きになってしまう。そんなことを求めているのではなく、「もともとわれわれは何を想い何を求めていたのか」を妥協なき素直さをもって問い続けよう、ということである。「福祉は特定の人のものではなく、特殊な活動でもない」と言いながら議論が特別な語り口になってしまうのは、福祉（welfare, well-being）を「よき在り方としての人の幸せ」として考える素直さを、どこかで忘れてしまうからではないか。

もちろん、事の実現には戦略が必要であり、技術や人的能力やシステムが、そしてそれらを支える資源・財源が必要である。社会が高度に複雑化すればなおさらだろう。しかし、福祉、もっと広くは安全や平和の問題が、こんなにも叡知と手間をかけて議論されているのに、「なるほど、こうすればいいのだ」という視点を定められないのは、技術的方便や利害調整にとらわれすぎて、事の本質を見失っているからではないか。「財政がピンチになるとどうしようもないから」と言われて収支のつじつま合わせに議論が集中してしまうと、本来の目的からだんだんずれていきやすい。

上すべりにならない思考力を

お金と情報が世を席巻する現代だが、お金は、それ自体に価値があるのでなく生活を満たすモノやコトの媒介物にすぎない。情報も、それによって有効な活動ができたり知恵・知識として心の満足に役立ったりすることで、初めて価値を持つはずである。ちょっとした風評や粉飾された情報で株価が乱高下し、その一日で大儲けと大損失、勝ち組と負け組、ペントハウス生活と自己破産が分かれるような社会が、正常だとは思えない。どこかで立ち止まって、働く意味や、人と人が与え合い受け取り合う意義を、考え直した方がいいのではないか。そうでなければ、いわゆる福祉政策も、金銭的な豊かさのおこぼれとしてしか機能しなくなってしまう。福利厚生という言葉もあるが、仲間で余剰金をプールして親睦会や慶事・弔事に使うこと、というイメージでしか語られない様相がある。

どこかおかしい。この「上すべり」状況を打開するには、よりいっそう技術を高度化するといったことではなくて、本来の目的に立ち返って理念を鍛え直すという意味で「哲学する」ことの方が大事なのではないか。抽象的議論を重ねれば事態が好転するとは思わないが、右往左往している政策論や制度論に大もとの留め金をつけ直すことは、必要だと考えられる。

2　福祉論と安全・平和論

まずは安全と平和の哲学から

人びとがホッとできる「よき在り方」としての福祉の論議は、いわゆる社会福祉学で語られるような高齢者福祉、障害者福祉、子ども・家庭福祉といったテーマで考える局面もあるが、より素朴には、人間社会の安寧をどう確保するかという問題に帰着する。その意味では、福祉を哲学する土俵は、安全の哲学、平和の哲学といった土俵の上に乗っている。

安全、平和を哲学から考えると言うと、えらく大風呂敷を広げた物言いに聞こえるが、大それた世界戦略を語ろうというのではない。率直な原理的思考として、今の時代の不安と向き合おうとしているのである。「福祉の哲学の前に安全・平和の哲学を」という話なのだが、ここから話を始める理由は、「危機管理」の発想があまりに幅を利かせている昨今の論調がどうもおかしいと感じられるからである。そして福祉や社会保障の議論までが、この危機管理論の流れにのみ込まれて、どうかすると、稼ぎのない高齢者や年金保険料を払わない若者や何らかの障害を背負っている人びとが、社会の足を引っ張る「危険因子」扱いされかねないからである。コンパクトにとどめながら、現代の安全と平和への原理的思考を論じておこう。

安全神話と軍事バランス的平和のほころび

日本が世界一安全な国だったのは昔の話で、今や日本の安全神話は崩壊したと言われる。そんな印象が強まったのは、二〇〇一年の大阪府池田市での小学校乱入・児童殺害事件あたりからだろうか。その後、学校に不審者が侵入しただの、塾の先生が生徒を殺しただのといったセンセーショナルな事件が続く。安全のための子どもの送り迎えの途中で送迎役の親がよその子どもを殺したというニュースを聞くにいたっては、もはや安全などどこにも確保できないというムードが生まれてくる。大人どうしでも、ドメスティックバイオレンスや飲酒運転ひき逃げなど、分別盛りの年齢においても傷つけ合いが目立つ。外国人労働者の犯罪を問題視する意見もあるが、これはさすがに、経済格差や移入労働者の労働環境を無視した「外国人＝犯罪予備軍」予断に悪乗りしていて、フェアではない。

世界に目を向けると、東西冷戦が終結したことで平和が実現したとは思えない。民族・宗教対立や局地的紛争はかえって目立つようになったし、〇一年のアメリカでの同時多発テロ以降は特に、テロリズムの脅威が世界を覆っている。近年のテロリズムから見えてくるのはこういうことである。東西冷戦時代には、軍事力による威嚇や軍事緊張バランスが暴発を防ぐという発想もありえたが、いまはそうした威嚇論・バランス論は通用しない。捨て身のゲリラ的行為には、核抑止力もミサイル防衛網もほとんど無意味なのである。

ちなみに筆者は、核抑止力はそもそも幻想に過ぎないと考えている。というのは、核抑止の理屈は二つの都合のいい前提で成り立っているからである。第一には、相手は対話でも経済制裁でも少々の武力でも折れず、核武装でも見せつけないとおとなしくしない理不尽なやつであるという前提である。第二には、相手は核武装を見せつければさすがにわが身が危ないと気づき、矛先を収める程度には物分かりのよいやつであるという前提である。さて、第一の前提で言う程度に理不尽で、第二の前提で言う程度には物分かりのよいやつなど、いるだろうか。こんな都合に合う理性水準の相手にしか通用しない核抑止力は、まず無意味と言える。

力ずくでない安全・平和の構想

日本の安全も、世界の平和も、ほころびが目立つ。では、厳罰化や監視強化や報復的平定は解決をもたらすだろうか。おそらくそうではない。凶悪犯罪にせよテロにせよ、自暴自棄になった者に「せいぜい自分の命一個」の罰則はブレーキにならないだろう。「犯罪予備軍」を前もって取り締まるという作戦を考える人もいるが、悪のレッテル貼りは、監視社会が作る抑圧と差別のマイナスの方が大きいだろう。報復して「悪の一味」のいそうな地域に絨毯《じゅうたん》爆撃を加えても、失ったものは戻らないし、周囲に新たな恨みを生んで「報復への報復」という悪循環になるだけだろう。

「抑止力による平和」「治安強化による安全」とは違う平和と安全の思想が、われわれには求められているのではないか。できることなら、「自暴自棄」「捨て身の賭け」「命を捨ててもひと太刀を」といった行為に走らせずにすむような、社会的安全弁と建設的方策を構想したい。恵まれない地域に経済力と教育力を供与し、やがてはそこの人びとが自ら力を育めるようなシステムを実現したい。そして、それでも「苦悩」や「つまずき」がどこかには残るとしたら、それを「絶望」にまではしない対話と寄り添いの方法を模索したい。

安全・平和論から福祉論へ

このように議論を進めてくると、福祉を考えることと安全・平和を考えることには、通底するものがあると気づかされる。もちろん、福祉も平和も安全も、人びとの安息な日々の保障という意味では似た状況を指しているから、相通じるのは当然と言える。また、国の平和や地域社会の安全がないところでは、福祉政策の構想も実現も二の次になりやすいから、平和と安全が福祉の前提となるという理屈もある。しかしここで強調したいのは、上述の「抑止力や治安強化によるのでなく……」という発想が、今日の福祉を原理原則から考え直すうえでも役立つのではないか、ということである。

例えば介護保険制度。長寿社会となり、高齢化率が高まり、それでいて家族内介護は限界に来ている。高齢者を病院に押し込める「社会的入院」も問題だし、行政側が与える「措置制度」では財源も足りず受け入れられる人数も限られてくる。そこで「介護の社会化」を目指して二〇〇〇年から導入されたのが介護保険制度である。保険料は四十歳以上の国民から「広く薄く」集めて財源を確保する。要介護者は「認定」に従って上限のある介護サービスを受けられるが、費用の一割は「受益者負担」してもらう。「民間参入」を認めてサービス供給を増やす。――こうして始まって何年か過ぎると、難点も顕在化してくる。じわじわ上昇する保険料などの負担金、認定への不満、自己選択と言われながら実はその余地の少ないサービス、民間業者のときに不誠実な対応と不正受給、などである。制度改革も試みられているが、解決への道は険しい。

そこで気づくのは、すべてが「対策」という発想で組み立てられているのが問題なのではないか、ということである。「高齢社会は経済活力を下げる危機であり、高齢者は周りの手が取られるだけの厄介者になるから、何とか対策を立てなければ。ただし人道的配慮もしながら」という発想が根底にあって、財政のつじつま合わせや制度としての整合性に目が行きがちであるように見えるのである。

例えば、給付対象者が予想より増えて財政がピンチになるから「介護予防」に重点を置こう、という話になっている。が、そこから伝わってくるメッセージは、「あなたが少しでも長く自由で心地よくいられるように、散歩などもして体調を維持しましょう」ではなく「老人が周囲のお荷物にならないように、暇があったら筋トレに励みなさい」である。これでは「何のために生きるのか」という根本目的をねじ曲げてしまう。そもそも「長きを寿ぐ」長寿社会を「経済不活性な」老人社会と規定しているところから、状況を取り違えている。六十歳で死ぬことより八十歳を超えても生きることをよしとしたなら、それにふさわしい経済水準や人生サイクルをデザインすべきなのである。そのグランドデザインとしての人間哲学が欠けているから、後追いの対策に右往左往して、結局は「生き抜く幸せ」を語れずに終わるのである。

何かを「防止」するために武器や作戦を用意するとか、事態が深刻になりそうだからもっと強力な「予防策」を示しておくといったやり方は、お金と手間と心を消耗させるだけではないのか。平和を求めると言いながら軍備にエネルギーを使い、安全を求めると言いながら緊張を強いられる施策を張り巡らせ、福祉を求めると言いながら幸福が見えなくなる対症療法を重ねる――こうした悪循環からはそろそろ脱却した方がいい。

3　現代と向き合う哲学的思考力

哲学の受け止め方

根本の理念を忘れるから、哲学がないからだんだんゆがんでいくのだ、という話をすると、「ごもっとも」とは返答されながら敬遠されることになりがちである。哲学はやはり小難しいし、高校の倫理思想史や大学の哲学史は面白くなかった、という人も多い。ここでは、福祉など現代社会の問題を論じる前に、哲学で考える意味を見ておきたい。

まず槍玉に挙がるのが、哲学史である。古めかしいし堅苦しいし、覚えて何になるのか、とぼやかれる。たしかに、あらゆる歴史記述的な学問は古いものを扱う。かえって新しいものの方が評価が定着せず考察しにくい。よって、今も語り継がれていることの意義、その言説の普遍性を、「温故知新」の心構えで見直していきたい。古文書の注解と考えると多くの人には魅力がなくなるだろうが、人間がその時代に対決する姿勢を汲み取るのだと考えれば、古典的ではあっても「古めかしい」とは言わなくてすむのではないか。

「堅苦しい」というイメージも打破できるのではないか。たしかに、「自然の摂理」や「神の意志」を話題にされると抵抗を覚える人はいるし、「物は見える通りに存在しているか」といった抽象的議論は難解で無益に思えるかもしれない。しかし、人類の長年のこだわりにはそれなりの理由があり、そうした営みの果てに出てきた理論や文学や芸術が、人びとの救いになった例もある。つまり、堅さや難しさはあるだろうが、その問題設定の仕方から自分にとって意味を感じる部分を探して、批判や解釈の在り方を追求する「面白さ」は、少し我慢してつきあえばつかめるものである。先哲たちが、そして今日の研究者たちが残してくれた「人類の問いと答えのリスト」を、時代と向き合う参考資料として、多くの人に時々は役立ててほしい。

現代社会に迫る哲学

哲学史は、世界解釈や人間解釈を織り成してきたのだが、特に近代以降の探究テーマには見るべきものが多い。例えば、身体と精神はどのように別々でどのように合一かという「心身問題」は、デカルト（René Descartes, 1596－1650）以来現代までの大問題とされる。諸哲学者の立論には学ぶところがあるが、現代からすれば、科学・技術的に「見えてきたもの」が古い理論を葬り去ろうとする面もあるだろう。脳の分析が神がかり的な知の意味を単なる生理機能の説明に変える、といった具合にである。しかし、新たに手に入るデータをどう活用するかという話になると、哲学的思索が改めて大切になる。脳機能が読み取れ、そこに手を加えることができるとしても、どう扱うのが人びとの幸せにつながるのかについては、幸福論や人間本性論にも目を配った根本的議論が不可欠と思われる。そしてまた、いまなお「見えないもの」については、科学よりも人間哲学的な吟味が必要だろう。科学万能と思える現代に次々とカルト宗教が出現する状況は、「いまだに分からないもの」や「いまも救われない人びと」を包括する思考力が世間に不足していることを物語っているのではないか。

諸学問の蓄積と近年の技術進歩を踏まえた「世界戦略」をより真っ当に進めるためにも、「哲学史に立脚した新しい哲学的思考力」が求められる。哲学を含む伝統学問の、古典的でありながら先見性や普遍性を持つ部分に謙虚に学びながら、今という時代を読み取ってこれからの問いと答えを探り当てていきたい。

二十世紀後半の福祉国家を分析する目と、二十一世紀の福祉社会を展望する目は、このような心がけから磨きうるのではないか。「世界戦争の世紀」「支配の世紀」「経済膨張の世紀」を超えて「環境の世紀」「人間の世紀」「福祉の世紀」を作れるとしたら、技術に理念をすり寄せるのでなく、理念に技術を従わせる堅固な姿勢が、鍵となるように思う。

〔参考文献〕

国際基督教大学社会科学研究所・上智大学社会正義研究所編『平和・安全・共生——新たなグランドセオリーを求めて』（有信堂、二〇〇五年）

齋藤純一『自由』〈思考のフロンティア〉（岩波書店、二〇〇五年）

斎藤貴男『安心のファシズム——支配されたがる人びと』〈岩波新書〉（岩波書店、二〇〇四年）

塩野谷祐一・鈴村興太郎・後藤玲子編『福祉の公共哲学』（東京大学出版会、二〇〇四年）

広井良典『定常型社会——新しい「豊かさ」の構想』〈岩波新書〉（岩波書店、二〇〇一年）

峰島旭雄編著『概説西洋哲学史』（ミネルヴァ書房、一九八九年）

第2章　人間社会のことわり

1　こころを求める現代

安心のカウンセラー頼み

〈ストーリー1〉

ある小学校に「部外者」が侵入してきて刃物を振り回したので、教員が止めようとしたが、刺されて死んでしまった。刺した「部外者」は警察に連行されたが、子どもたちの「こころの傷」は大きいと思われ、教育委員会が急ぎカウンセラーを派遣し、「こころのケア」に当たっている。

ストーリーそのものは架空だが、現実にありそうな話である。「部外者」でなくても、卒業生も在校生も教員も、加害者になったり被害者になったりしている。この種の事件が急増していると即断するのはフェアでないが、目立っているという印象はある。おかげで学校は門を閉ざし、地域に開かれた学校になりにくいという問題もあるが、とりあえずここで問題にしたいのは、「カウンセラー派遣」の方である。こうした事態ではたいてい、「臨床心理士」の資格を持つ人が学校カウンセラーとして派遣される。

心理カウンセラーが学校に定期的に派遣されるようになったのは、一九九五年からである。生徒の「荒れ」「不安」「つまずき」に対処する専門家を置こう、という考え方だった。当初、教員側の反応は冷ややかだった。「子どもたちに日々接してずっと面倒を見ているのはわれわれだ。週に二日くらい来て三時間くらい座っているだけの人には何もできない」と思っている教員が多かった。その心情には、「よそ者」に対する妙な縄張り意識もいくらかあったろうが、大部分は子どもの精神的問題も含めてすべてを自分たちが引き受けようという責任意識であったろう。

あれから十年以上たって、学校カウンセラーは「定着」したように見える。教員は忙しくなり、いまの子どもの「こころの変化」にもついていけず、「こころの専門家」に業務を分担させたのだろうか。他方、カウンセラー職にある者もジレンマを抱えている。昔よりは認知されたとはいえ、職種としては不安定で報酬も安く、時間も権限も限られているから努力が実を結ばないことも多い。こころの問題の根本が教員組織や地域環境といった構造的な部分にあると気づいても、本当に「何もできない」場合が多い。

心理職は夢か

〈ストーリー2〉

「私、中学校で友達に裏切られて、二年間不登校だったんです。テレビの心理ゲームを見てて興味もわいたので、大学では心理学を勉強して臨床心理士になるって決めました。私みたいな子を助けてあげたい」――こんな大学生が、最近の心理学科にはたくさん入ってくる。大学にとっても「集客学科」なので、定員を増やし、大学院設置にいそしんでいる。

まず、自分の問題もうまく処理できない者に他人の手助けなどできない、と言うことも可能だが、そうは言うまい。小学校でいじめられ続けた者が中学校ではいじめられっ子を助ける側に回る、という可能性はなくはない。実際には、中学校に入るといじめっ子グループの側に回って自己保身する、というケースが多いが。

右記のような大学生には、関門がいくつもある。第一に、テレビの心理ゲーム番組から心理学を類推すると大学に入って幻滅する。「実験、実証、それでも不確実な仮説」という世界を見せられて、

「こんなの私のやりたかったことじゃない」と転向する学生はけっこういる。第二に、臨床心理士になるにはその専門の大学院修士修了レベルである必要がある。それなりに長く厳しい勉学の道になる。学士レベルで取れる「認定心理士」という資格もあるが、あまり役立たないと覚悟した方がいい。第三に、臨床心理士になれたとしても、「食っていける仕事」にするのは簡単ではない。自分でプラクシス（医師の世界なら個人の医院に当たる）を構えて経営が成り立つ人は、かなりの実力者でもそうはいない。企業や学校のカウンセラーは、多くは「臨時の非常勤」だから、安定的な職として続くかは分からない。すでに日本全国で一万三千人の臨床心理士がいて、今の心理学系大学の乱立を見ると、これからは供給過剰になりそうだ。

臨床心理学の「業界」化

〈ストーリー３〉

臨床心理士を目指してＸ大学で学び、浪人までして大学院のあるＹ大学の大学院入試にやっと合格したＡさんは、Ｘ大学のＢ教授にあいさつに行った。

Ａ　大学院でもっと勉強して、臨床心理士の国家資格をきっと取ります。

Ｂ　国家資格ではないんだな。まあ、僕たちの日本臨床心理士資格認定協会が認めれば国が認めたも同然だけどね。そのうち国家資格化されるだろうし。

A　えっ、あれって民間資格だったんですか。ところで、この機会に日本臨床心理学会にも入りたいんですけど、先生、紹介してくれますか。

B　君、臨床心理士になりたいんでしょ。なら入るべき学会は日本心理臨床学会だよ。僕もそこの委員だしね。

Aさんは、「勉強しているのは臨床心理学だし、目指す資格も臨床心理士なのに、なぜ学会名だけ臨床と心理がひっくり返っているんですか」と聞こうとしたが、B教授の機嫌が急に悪くなった気がして、言葉を飲み込んだ。

日本の臨床心理学の世界では、主に三つの学会がある。一九六四年設立の日本臨床心理学会、一九八二年設立の日本心理臨床学会、一九九三年設立の日本社会臨床学会である。三学会いずれにも属さず「等距離外交」を取ろうとしている筆者としては、その設立や分裂の歴史を語るのは差し控えるが、資格との関係だけ述べればこうなる。右に、資格化全面肯定の心理臨床学会があって、中央に、資格の権威性などの問題点を踏まえて抑制のきいた資格にしようとする臨床心理学会があって、左に、反権威主義の立場から資格化に絶対反対を貫く社会臨床学会がある。そして、資格ばやりの今日にあっては、心理臨床学会が圧倒的多数の会員を集めている。

資格の権威性という議論はひとまずおいて、ここで指摘しておきたいのは、「こころの専門家」と呼ばれる資格が商売となり、資格自体が商品となり、それに関わる団体が一種の業界になっていることである。世間もそれを受け入れている。どこか、食いぶちを稼ぐための縄張り争いのような観がある。介護保険で民間業者が参入したことの功罪が論じられるが、心理職も別の意味で市場化・業界化が進んでいることを、われわれは認識しておいた方がいい。「こころを求める現代」は、こころを扱う専門学問が良くも悪くも前面に出て、専門職が商売化し、資本主義市場に巻き込まれる時代でもある。そこで「こころ」は生かされるのか、それとも食い物にされるのか、気をつけて考えていこう。

2　こころ論議から人間福祉論議へ

福祉の象徴的場面としてのこころ論議

こころの問題と臨床心理士の話をしたのは、この問題が今日の人間論、福祉論を語るにあたって象徴的な様相を呈していると考えたからである。福祉の領域には精神保健福祉というジャンルがあって、精神保健福祉士という国家資格（一九九九年からと歴史は浅いが）もある。二〇〇五年に成立した障害者自立支援法は、それまでの障害者支援費制度では枠外だった精神障害者も、身体障害者や知的障害者とともに対象に含むようになった（自己負担金の問題などはあるが）。こころ、精神というテーマは、福祉の分野でも注目されているし、こころの病や精神的なしんどさは、多くの人が経験する可能性があるという意味でも、障害者問題などよりも「他人事でなく」感じられる。日常的助け合いと専門的支援をどう組み合わせるかという福祉の普遍的課題を考える際にも、身近に議論しやすい話題である。また、資格の有効性と限界をめぐる議論は、社会福祉士や介護福祉士といった資格にも及んでくる。

福祉と言えばかつては「弱者救済」を意味し、その「弱者」とは生活困窮者や障害者であった。近年は、福祉的弱者のレッテル貼り（ウェルフェア・スティグマ）を回避し高齢社会などを共同意識で考えようという方針から、「福祉はみんなのもの」と言われるようになった。その「みんな」の共通問題にしやすいのが、こころ、学校、医療、年金、高齢化、なのである。特にこころの問題は、不安の時代には「いつでも私自身や私の家族に降りかかりうる」という当事者意識を駆り立てやすいので、やはりここから「人間の幸福、安寧の基本」を考えることにしよう。

こころの福祉の近代化路線

精神疾患までいかなくても、こころに不安を抱える人は増えているようだ。人生を振り返れば「こころ、ピンチ」という時期があったと思う人が、ほとんどかもしれない。学習障害などの事例も考慮に入れれば、「こころ」と「あたま」のありようが、個人のなかでも社会全体でも問題とされやすいのが現代である。

今日的特徴は、福祉的（あるいは教育的、人権的）配慮が重視される時代になって、いろいろな事態が「問題」としてあぶり出され、「対策」が施されるようになったことである。それは、振り向かれず闇に葬り去られていた不幸が、正面から解決されようとしている姿かもしれない。しかし、昔はそれなりに何らかの手当てがなされ幸も不幸もまぜこぜにやりおおされた状況が、いじり回されることでかえって厄介になる姿かもしれない。

放置しておいた方がマシだ、と言いたいのではない。ただ、「対策、対策」と追い立てることで、われわれは逆に何か大切なものを手放しつつあるのではないか、と考えるのである。近代化の技術追求時代の果てにある今日、「対策化」は宿命だという面もある。そして資本主義社会にあっては、対策化は商売化（商品化）、外注化、マニュアル化、専門分化、という様態をとる。そこでは、かつての日常の知恵・腕前や地域共同体の引き受けは、すたれてしまうか、わずかに残っていても非効率的だとして捨てられてしまう。それでいいのだろうか。

かつても「こころの病」はあった。差別され、日陰に押し込められたとんでもない事例も多かったが、「しょうがねえなあ」と言われながら村の片隅で少しずつ面倒を見てもらい、末端の仕事を与えられて何とか生きていた事例もあった。「からだの病」でもそうだ。少し前の映画になるが、宮崎駿の名作アニメ『もののけ姫』で敵役となる「エボシさま」は、村の一角にハンセン病患者をかくまう正義の女指導者でもあった。フィクションではあるが、「あんな助け合い、ひと昔前まではあったよな」と感じる人は多いだろう。

こころの福祉は何によって守られるか

つまりはこういうことである。食事も洗濯も教育も、近代の技術と資本主義は、すべてを商売や機械や専門職の受け皿に収め、生活者は何でも外に注文を頼むようになった。ファミレス、コンビニ、塾、何でもありの状況は、コンピュータ・ネットワークと一人一台ケータイの時代になって、ますます拍車がかかっている。そして臨床心理士を含む数々の福祉職も、この産業化時代の外注引き受け人となっているのである。一般市民は、そこにどんどん「発注」し、依存していくのである。

すべてが悪いとは言わない。家事の外注化は女性解放に一役買っただろうし、近代化が従来の因習や不便さを突破してくれた功績は大きい。われわれは自ら望んで、努力も重ねて、この豊かさを獲得したのである。

しかし、である。何でも外の産業に任せ、それぞれの専門職に委ねることで、われわれはだんだん人間本来の感性や生活力を、失っているのではないか。自分で頭と手を使って、心血を注いでやりおおす術を、売り渡しているのではないか。そして「こころ」という領域は、最後の最後まで売り渡してはいけない部分ではないのか。わが子がキレやすくならないようにとマニュアル本に従って「一日に十秒」抱きしめてやる、占い師よりは科学的根拠がありそうな「こころの専門家」にこころを救ってもらう——こんな営みの先に、われわれはますます無力化されていくのではないか。

専門の知識や技術が役に立たないとは言わない。例えば、近代医療の恩恵は計り知れない。しかしそれでも、医薬品は病気を治すというよりは自己治癒力を高めるという役割のものが多いし、熱が出たらあせって解熱剤を飲むのでなく発熱が体内のウイルスを殺すのを待った方がいい場合もある、といったことはわきまえておきたい。こころの問題も、不安をあおられて専門マニュアルに走る前に、身近な人どうしの助け合いなどをまずは大切にすべきではないか。それこそ「福祉はみんなのもの」なのだから。それがなくなったから専門家に発注するのだ、と言われるかもしれないが、専門家に任せればいいと思っているからますます内面力や地域力が減っていくとも言える。高齢者や障害者の福祉、多様な人との共生というスローガンも、実はこんなところが問われているのだと思う。

専門家の力を借りれば効率よく事が運ぶ場合は多い。しかし、どんな専門家も業者も、「私の人生」にとってはパートタイマーでしかないはずだ。生涯そばにいてくれるわけではない。あくまで主体である私個人やわれわれ仲間の一時的補助者として位置づけておかないと、無力化はますます進む。足をなくした人が義足や車椅子に頼るのは、代替物をわが身の一部にすることと認められる。しかし、こころの無力化を補う代替物はない。それを外に求めることは、文字通り「魂を売り渡す」ことになる。

3　福祉の人間哲学

専門家と一般市民

専門家に頼り過ぎるな、外注化に安易に慣れてしまってはいけない、という趣旨を述べてきたが、こういう話は福祉の専門職、専門教育においてはすでに語られている。精神・心理の分野では「非指示的カウンセリング」が唱えられ、クライエントを指示的に引き回すのでなく本人の思いが吐き出されて自律に戻れるように「聴き上手」になりましょう、という言い方がされる。他の福祉分野でも、「エンパワーメント」が唱えられ、利用者自身が力をつけて自立できるように「援助者」にとどまりましょう、といった指針が示される。

つまり、専門家教本のなかに、プロフェッショナルの手腕で引き上げたかのような色彩は薄めること、相手の日常性を尊重する黒子に徹することは、織り込みずみなのである。実際、相手に力をつけてもらわないといつまでも面倒は見きれないし、プロの臭気が強すぎるとやがては顧客から敬遠されるものである。その意味で、「敷居は低く見せておく」のが福祉専門職の賢明な手法と言える。それでこそ一般市民との「連帯」は生まれやすいし、持ちつ持たれつの「共存共栄」は育まれやすい。まさに人間味のある「人倫（共同規範に支えられた人びとの生活集合体）」が出現する、という話になる。

しかし、それでもなお、専門家は一般市民を「訓導」らしくは見せずに訓導する。「あなたらしくあればいいのよ」と語りかけながら、「あなたらしさ」へのステップを用意している。それは、個性尊重をうたう教師が、学校文化に適合する生徒たちのキャラクター配置をしっかり描いているのと似ている。そのソフトなパターナリズム（家父長的温情主義）を悪質なずる賢さと呼ぶのは、それなりに心を砕いてくれる専門家に対して失礼だろう。が、そこから本当の賢さを援用して自己実現に役立てるしたたかさを、一般市民の側が持てれば一番いいのかもしれない。

福祉の共同性のために

専門的な概念規定が、人の生活改善に役立つことはある。例えば、片付けができず仕事の手際の悪い成人女性が、「あなたは大人のADHD(注意欠陥多動性障害)です」と診断されて、「私はただのずぼらな怠け者じゃなくて障害だったんだ」と納得して気が晴れたとする。レッテル貼りと引き換えにこころの安定を得て、周囲の人も合点がいったのならOKなのかもしれない。ただ、肝要なのは、障害名がつくつかないに関係なく、当人と周囲が暮らしやすくなることである。レッテル貼りが、人生を宿命づけ精神的な「島流し」を当人に強いるのなら、そして周囲がそれを正当化する口実に使われるなら、害の方が大きい。しっかり分析して処方箋を出す近代化路線を本当にプラスに生かすためには、その「処方」で人をどこかに押し込めるのでなく、開かれた共同性のなかで受け止める姿勢を保つ必要があるだろう。その姿勢が、「みんなの福祉」という哲学になるのではないか。

人間はさまざまな強さと弱さを持つ。そのデコボコも人それぞれである。強さをより高め、弱さをなくしたり隠したりする方向で、近代の科学・技術は推進されてきたとも言える。しかし、地球環境の限界だとか、豊かさの意味内容の見直しだとかが論じられる今日にいたっては、つつましさのなかの幸福や、弱さを弱さとして受け止め合う共同倫理を、理念として練り上げることが、「福祉の世紀」の課題だと思える。

〔参考文献〕

岩田正美・上野谷加代子・藤村正之『ウェルビーイング・タウン社会福祉入門』〈有斐閣アルマ〉（有斐閣、一九九九年）
大森与利子『「臨床心理学」という近代』（雲母書房、二〇〇五年）
小沢牧子『「心の専門家」はいらない』〈新書y〉（洋泉社、二〇〇二年）
木原孝久『福祉の人間学入門』（本の泉社、二〇〇二年）
立岩真也『弱くある自由へ――自己決定・介護・生死の技術』（青土社、二〇〇〇年）
鷲田清一『「聴く」ことの力――臨床哲学試論』（TBSブリタニカ、一九九九年）
（なお、第1章と第2章だけは、徳永哲也「安全の議論とこころの福祉の哲学」（『長野大学紀要』第二十八巻第一号、二〇〇六年）と重なりがあることをお断りしておく。）

第Ⅱ部

こころと福祉

第3章　こころを病む時代

1　こころは時代で病むのか

本章では現代という時代性がこころにどのように影響し、どのようなこころの問題が起こるのか考えてみよう。現代社会は「うつ病の時代」と呼ばれる一方で「満たされ願望」、「癒され願望」、またそれらの願望を他者に押しつける「自己愛性パーソナリティ」の増加も指摘されている。現代という時代性がこのような傾向にどのように影響しているのか、心理学的なポイントを明らかにするのがこの章の目的である。ここでは、そもそもこころは時代で病むものなのか、もし病むとしたらどのようなメカニズムで病むのか、その考え方を提示しよう。

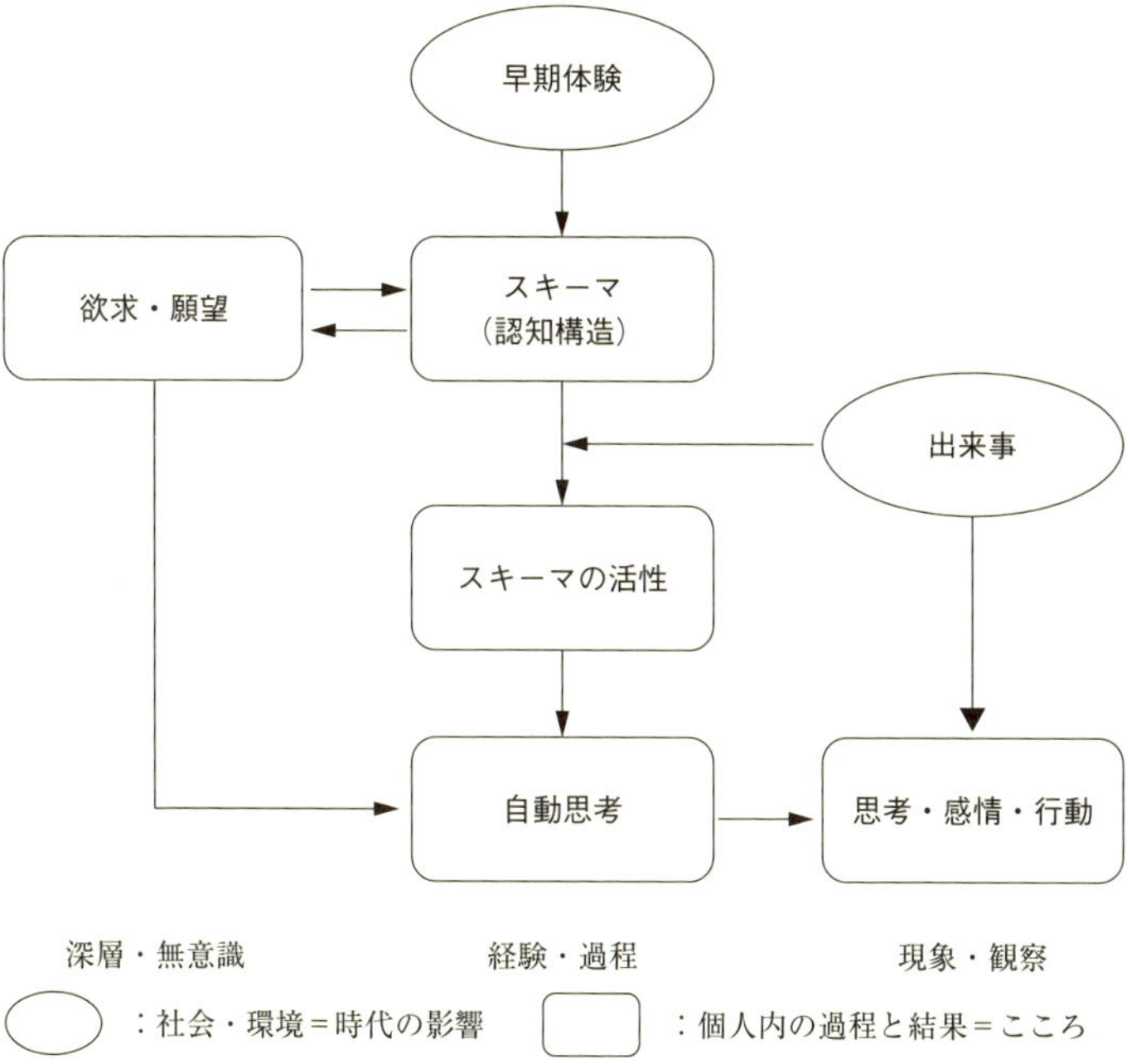

図3－1　こころ（認知行動）の基本モデル

（出所）ベック（1990）を加筆修正して筆者が作成。

時代で病む「こころ」とは何か

「病む」ということの定義はさておき、結論からいうと、こころは時代で「病む」可能性が非常に高い。**図3－1**は近年の心理学の成果をもとに時代（社会・環境）とこころ（人間の思考や行動）の関係を模式的に図示したものである。心理学はこころの科学で、論理性（納得できる説明）、実証性（明確な根拠や証拠）、再現性（同じ手続きで同じ結果が出る）の三つの条件を備えている。そのためにすべての価値観・倫理観から人間を切り離し、さらに人間の多様な側面をあえて無視して研究する観点を絞り、その観点の枠内で「こころ」の性質を明らかにしてきた。この方法では人間という存在の全体を把握するのは困難なので、科学としての心理学は「人間を機械化する」または「ちょっと上等なネズミ扱いする」といった批判をされている。しかし、利点として枠組みは限られているものの人間をより正確に理解させてくれるので、心理学の進歩からこころの仕組みがずいぶん分かってきた。**図3－1**は臨床心理学で用いられる最大公約数的なモデルである。このモデルとセットで開発された認知療法の治療効果が高いことも実証されているので、妥当性（信憑性）の高い理論と言えるだろう。

「早期体験」と「出来事」

図3－1のように時代は「早期体験」と「出来事」に影響している。「早期体験」とは幼少期から青年期にかけての体験で、ここからスキーマ（認知構造）が作られる。スキーマとは「この世は、そして自分はどうなっているのか」「この世で何をすると何が起こるのか」といった自分と世界の理解の構造である。そこには欲求の満たし方と抑え方、願望の持ち方と捨て方、といった衝動の自己制御の様式も含まれている。こころには生得的な部分もあるが、ことスキーマに関しては体験、つまり時代の影響が強いと言える。また「出来事」は個人の直面する環境や状況で、「時代」もその一つである。人間の思考・感情・行動は基本的には出来事に対応して形成されている。

さらに、人間は出来事をあまり正確に認知できない。出来事は関連するスキーマを活性化させるので、現実の出来事とは別に自動思考が生じ、思考に対応した感情や行動も生じる。このように、人間のこころ（思考・感情・行動）は出来事とスキーマの相互作用の影響を強く受ける。スキーマを「病ませる」体験、さらに「病んだ」スキーマを喚起する出来事の相乗効果で、こころはさらに病むと言えるだろう。仮に時代や環境が「病む」ならば、その分、こころも「病む」可能性が高いのである。

2　うつ病の時代とその背景

ここからは現代社会に多いこころの問題を考えてみよう。まず、うつ病（depression）である。うつ病とは抑うつ気分や喜びの喪失が不自然に長期間続き、それに伴ってさまざまな活動機能や社会性が低下する状態である。そして、うつ病の前段階および軽度の段階を抑うつという。日本は九〇年代から「うつ病の時代」と言われ、世界保健機関（ＷＨＯ）も二十一世紀の人類の健康に対する重大な脅威にうつ病を挙げている。うつ病は現代社会で重要なこころの問題と言えるだろう。

抑うつの心理社会過程

日本の精神医療ではうつ病の原因を生化学的（または遺伝的）要因で考えることが多い。しかし、近年の心理学の進歩は抑うつが「ライフイベント―認知―対人関係」の一連の心理社会的過程で重症化・慢性化することを明らかにしてきた。**図３－２**のモデルは抑うつの予防（①→②）、病前性格

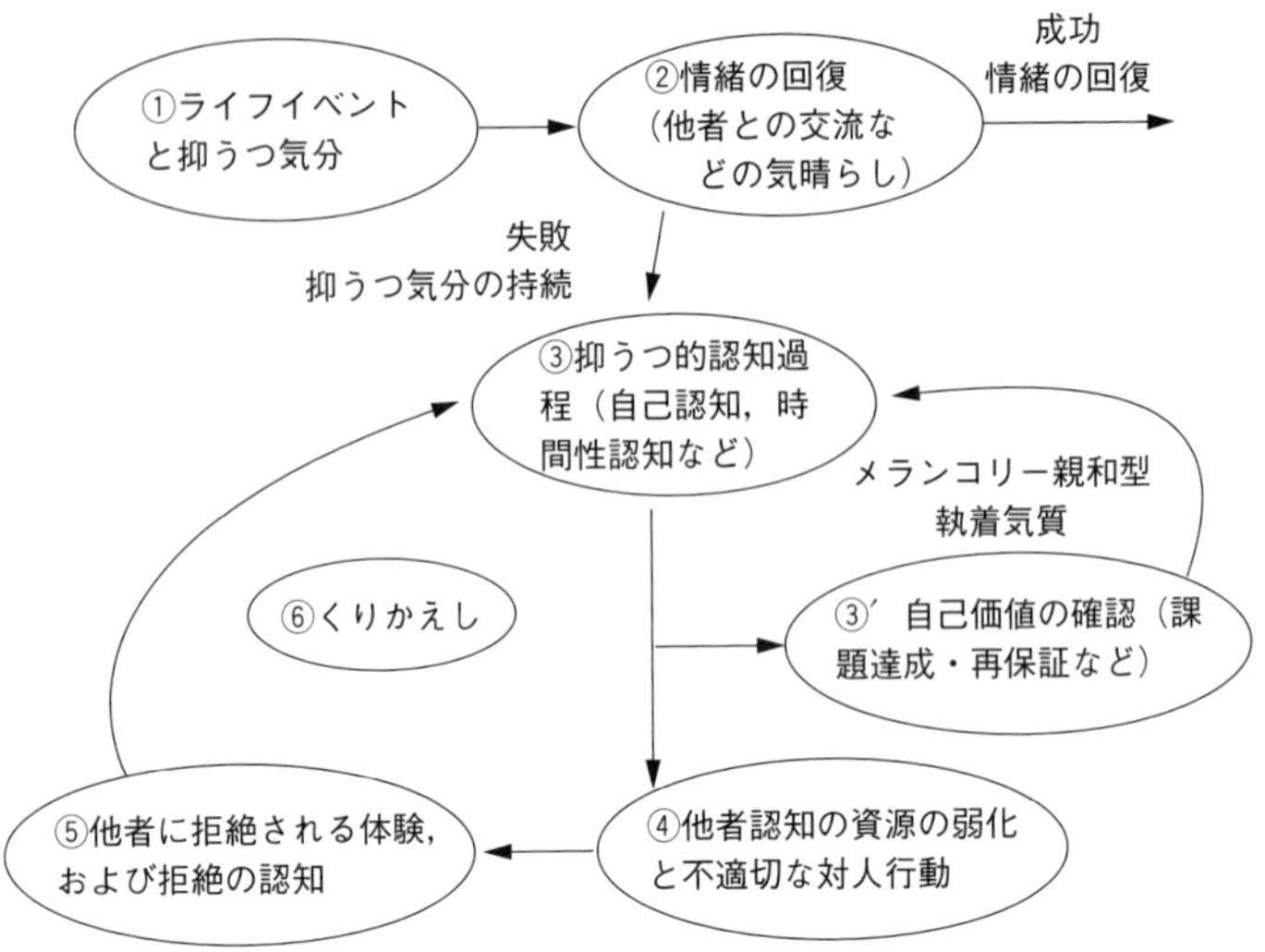

図３－２　修正抑うつの自己－他者過程モデル

（出所）杉山（2005）を加筆修正して筆者が作成。

（③→③′→③）、深刻化（③→④→⑤→⑥）を模式的に表わしたものである。図を参照して抑うつ過程を説明しよう。

　抑うつ気分は大切なもの、または期待していた何かを失った苦痛である。苦痛への耐性が未熟な若年層では怒りに転化されて、他者への攻撃になることもある。不快なライフイベントから抑うつ気分を経験するのはごく普通のことで、周囲のサポートや気晴らしで通常は回復する。これが抑うつ予防の段階である。しかし、予防が機能せずに抑うつ気分が長引くと自分の失敗や嫌なところを考えすぎて、心細く惨めな気持ちになる。余力のある人はその状態から逃れるために必死に努力する。努力には自分の価値を上げようと成果を焦る場合（オートノミィ型）、他者からの再保証（承認や愛情）を得ようと奮闘する場合（ソシオトロピィ型）などがある。努力の結果、かれらは社会規範に過度に同一化するので、周囲からは誠実な人、勤勉な人、まじめな人、と模範的に見られやすい。しかし、内心では心細く些細な失敗を気に病みやすいのである。この状態が病前性格の段階である。孤軍奮闘に疲れると他者に助けを求める場合もあるが、頭のなかは自分のことで一杯である。多くの場合は自分も他者もあまり信頼できなくなっている。他者に配慮ができず、不信感も向けるために結果的に他者に拒絶されやすくなる。拒絶されることで、ますます自己価値を疑うと過程の繰り返しに陥ってしまう。繰り返すにつれ心身ともに疲弊するだけでなく、社会での居場所も失うことが多い。こうして抑うつはさらに深刻化して病的な状態になっていく。

現代社会のうつ病リスク

現代社会はこのようなうつ病のリスクが高いと言われている。物質的に豊かで自分らしい人生がうたわれる現代社会では、大切なもの、そして自分や世の中に期待することも増える。夢も希望も膨らむ。これは素晴らしいことであるが、大切なものは壊れる、期待は裏切られる、夢も希望も破れる可能性を持っている。つまり、現代社会のライフイベントは、喪失体験が頻発するリスクが大きい。近年の日本は中流階層が崩壊し（「中央公論」編集部『論争・中流崩壊』〈中公新書ラクレ〉中央公論新社、二〇〇一年）、多くは下流に流れて貧困層の比率がここ十年で倍増している。うつ病のリスクに拍車がかかるように思われる。

3　日本文化とこころの問題

ここでは日本文化の持つこころの問題のリスクを考えるが、前節に引き続きうつ病を取り上げる。日本を含むアジア文化はうつ病との関係が深いと言われている。代表的なものに自己卑下（自己価値を低く表現すること）がある。自己価値への疑念はうつ病の代表的な症状の一つで、日本を含むアジア人全般は欧米の基準よりも自己卑下傾向が高い。特に日本では「謙遜」が社会的な美徳として喜ばれる。また日本では2で見たうつ病の病前性格者が理想的な人物として評価されることが多い。例えば、日本の偉人として文部省唱歌にもうたわれた二宮尊徳（金次郎）（一七八七－一八五六年）は典型的な病前性格の特徴を持っていた（中井久夫『分裂病と人類』東京大学出版会、一九八二年）。このように日本の文化では社会規範への過度の同一化を賞賛するので、独特のうつ病リスクがあると考えられる。

進化心理学の視点

進化心理学を通して見ると、実は「謙遜」は失敗するとうつ病のリスクが高まる適応戦略であることが浮上してくる。進化心理学の抑うつの理論によると、人間は社会の序列競争に否応なしに巻き込まれている。そして抑うつには争いを避ける手段としての一面がある。通常、自分の地位を脅かすライバルが自己顕示（威嚇）すれば攻撃を加えるが、相手が服従的な態度を取る場合は無駄な攻撃は加えない。場合によっては自分の配下と考えて保護的にもなる。謙遜や自己卑下は服従をほのめかす印象があり、序列競走を回避する戦略と言えるだろう。しかし、この戦略はライバルが服従を認めずに徹底して攻撃する場合には無力である。つまり敗者として社会そのものから排除されてしまうリスクも持っている。進化心理学の理論では敗者としてのダメージが大きく、社会的な危機に陥ったときの反応がうつ病の一類型になると考えている。謙遜が周囲から受け入れられず、評価されないとしたら戦略としての価値はない。幸い、日本の文化では謙遜は美徳であり、多くの場合で高く評価される。そのためリスクの比較的小さい適応の戦略と見ることができるだろう。しかし、これは社会が謙遜を認めてくれるかどうかにかかっているという点に脆弱性を抱えている。

日本人的人間関係とリスク

日本文化のキーワードにはこのほかにも文化人類学者ベネディクト（Ruth Fulton Benedict, 1887–1948）の指摘した「恥の文化」、精神科医土居健郎の指摘した「甘え」なども挙げられる。これらと競争回避の戦略はまた別稿で検討する必要があるが、社会からの評価を自分の行動基準にする恥の文化も、お互いに優遇し合うことを期待して他者を脅かさない甘えも、何らかの形で上述の戦略と関係しているかもしれない。日本では人間の信頼関係や「和」が強調されることが多い。親が子どもに期待することも諸外国と比べると「人間関係」が重視されて「名誉」や「成功」はやや軽視される傾向にあることも統計資料から示されている。行き過ぎると「馴れ合い」のように否定的なイメージも出てくるが、日本文化の特徴は無用な序列争いを避ける社会的なシステムである可能性も浮上してくる。しかし、皆が競争回避の様式を守っていればお互いにメリットがあるが、誰かが均衡を破ってそこに乗じた攻撃を始めると大きな脆さを持つことも示唆される。日本文化の恩恵に感謝しつつも、そのリスクも理解しておく必要があるのかもしれない。

4　現代社会と自己愛性

ここでは現代社会で増加してきたこころの問題を「自己愛性（自己中心性）」との関連から検討してみよう。自己愛と自己中心性は心理学ではそれぞれに厳密に定義されているが、ここでは日常語の「ジコチュー」や「自分勝手」をイメージしていただきたい。

健康で適応的な自己愛と不健康な自己愛

この十年あまり、こころの問題はマスコミなどでも取り上げられる機会が急増してきたように思われる。例えば「自分探し症候群」、「満たされ願望」、「癒され願望」、「キレる」、「自己確認型（劇場型）犯罪」、「自己愛性パーソナリティ」ごく近年では「下流社会の心性」がそれにあたるだろう。

実はこれらの背景には一つの共通した要因がある。再び**図3－1**を見ていただきたい。「深層・無意識」に「欲求・願望」がある。人間が成長して社会化する過程では欲求や願望をコントロールする必要があり、スキーマにもそのための様式が形成される。精神分析的な発達臨床心理学によると、欲求がコントロールされていない人間は、かなり自己中心的で万能感（または効力感）に浸りたい欲求が強いらしい。**図3－3**は社会化の典型的なプロセスを要約したものである。図のように、乳児は漠然と自分の願望はすべて満たされるという万能感を持っている。これは自己中心的で、かなり衝動的でもある。やがて他者（養育者）に満たしてもらっていることに気づき、非力な自分を実感して万能感を失う。そうすると自己中心性も減退して、他者を尊重し、衝動的な欲求をコントロールすることを覚える。ただ、この体験はショックであり、そのショックは自分や他者への攻撃に変わりやすい。そこで必要になるのが、他者に暖かく接してもらえる安心感（安全基地）と心身の発達を他者に賞賛してもらう体験である。他者による安心感と賞賛は万能感を失うショックを緩和し、他者への信頼感と現実的な自信を育てる。やがて、自尊心と他者尊重のバランスがとれた「健康な」心理に近づいていく。この過程は直線的には進まない。二歩下がって三歩進むような繰り返しによってより確実なものになるのである。

自己愛に由来する諸問題

近年では、疫学的な調査は不十分なものの、不健康な自己愛に由来するパーソナリティの問題の増加が心理臨床の現場の声として聞かれるように思われる。この問題の中核は「自分は特別だ。特別な

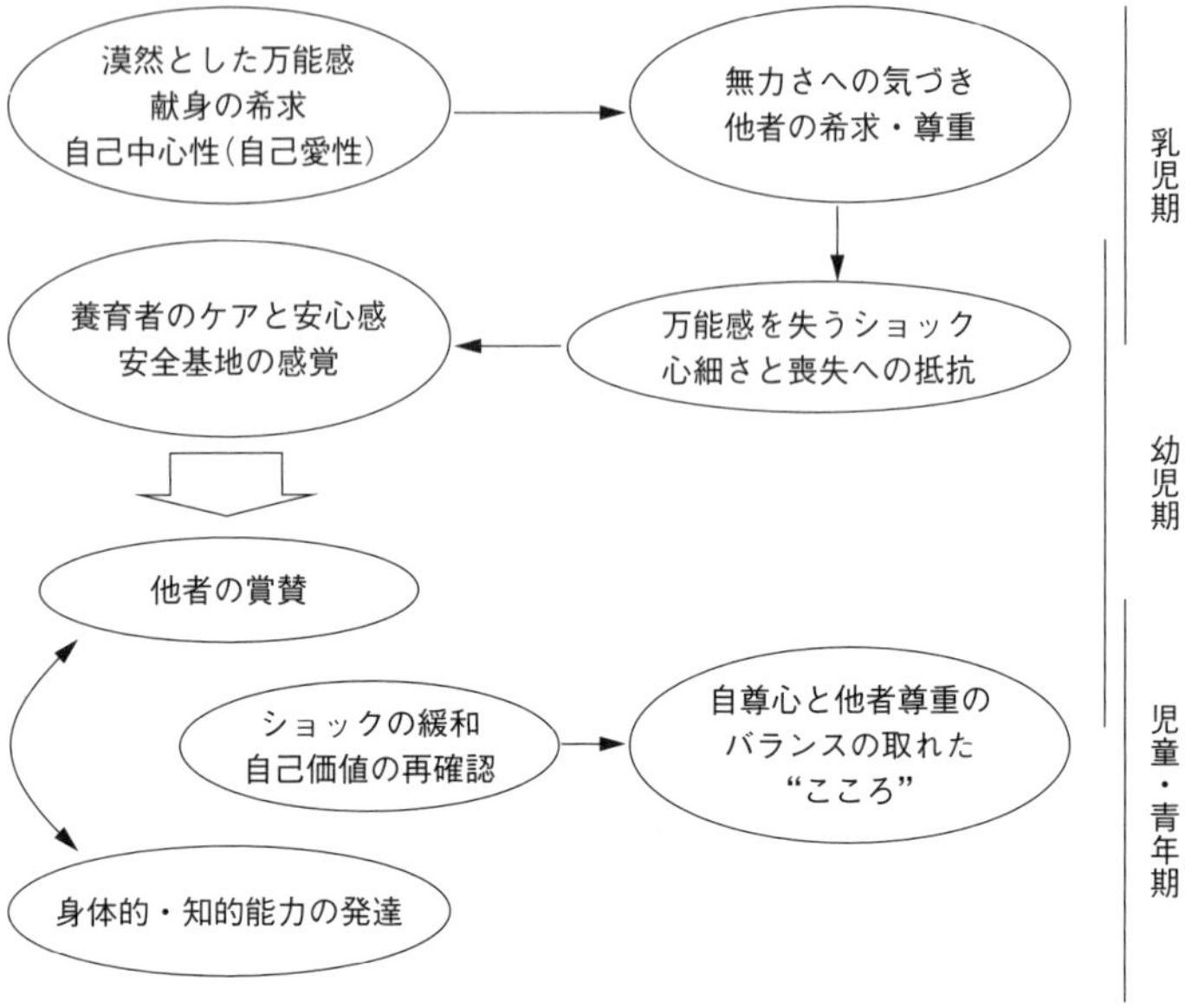

図３－３　自己中心性(自己愛性)から自尊・他尊のバランスへ

権限と特別な献身に値する」という信念が強いことである。正常ならば幼児期から児童期にかけてこの信念は減退するが、ここに固執するのがこの障害の特徴である。社会的地位を利用して不健康な自己愛への奉仕を他者に強制できる場合に自己愛性パーソナリティは本領を発揮しやすい。自分に委譲された権限をあたかも自分の特別な才能のように錯覚して、いわゆるパワーハラスメントに及ぶ場合もある。ただし、実際に能力が高い人がこのパーソナリティを持つ場合には、この信念を実現するための努力と社会的成功に昇華する場合もあるので、一概に問題になるパーソナリティというわけではない。しかし、地位を手にして周囲の人びとに尊敬や奉仕を強要し、従わない場合には身勝手な怒りから攻撃するようになると弱い立場の人間には脅威になる。社会的弱者は対策も検討しなくてはならないだろう。また、衝動のコントロールが弱い若年層では、自己愛的な怒りが即座に行動化されて人を傷つけかねない。「キレる」という現象の科学的な検証はこれからの課題だが、このことも背景の一つかもしれない。

社会的な地位も適応能力もない場合には自己愛を満たすために非合法な手段や空想の世界が活用される。増加の傾向が指摘されている自己確認型（劇場型）犯罪はその非合法な形の一つとされている。また、実社会で自己愛を打ち砕かれるのを恐れると、社会から逃避した空想の世界で自己価値の幻想に浸る。社会からの一時的な逃避はストレスの緩和でもあるので健康な場合もあるが、過度に幻想にコミットするのは精神病理を連想させるものであり、注意が必要な場合もあるだろう。

このほかにも「満たされ願望」や「癒され願望」にも問題としての程度の違いはあるが、献身の希求と通じる部分で同様の背景が考えられる。これらは**図3－3**の過程がどこかで阻害されたために生じると考えられる。精神分析学者で自己心理学を提案したコフート（Heinz Kohut, 1913－1981）によると、他者からの賞賛や安心感に十分支えられていない場合に多いという。万能感を失うショックや心細さに愛されない不満が重なると、万能な自己の空想に浸って心細さや不満から目をそむけようとする。その場合、万能感と自己中心性に固執し、さらに強めることになる。また、人間の自己概念は他者との関係性から支えられている部分が大きい。そのため、「これが自分」という実感が希薄にもなる。「自分探し」とも何らかのかかわりがあるかもしれない。下流社会の人ほど自分探しが好きと指摘されているが（三浦展『下流社会――新たな階層集団の出現』光文社、二〇〇五年）、この背景には他者に、そして社会に、支えられていない感覚が関わっているのかもしれない。

このように幼児期に減退すべき自己中心性や万能感をさらに強めてしまうことに現代社会のこころの問題の一つがあるように思われる。かれらは社会規範やモラルを踏み外すことがあるので、「幼稚な人びと」として非難することは容易だろう。しかし、**図3－3**にもあるようにかれらを取り巻く他者関係がかれらをそのように追い込んだ側面もないわけではない。そこを不問にしてかれらの幼稚さを責めることも、また自己愛性（自己中心性）の表われかもしれない。どのような社会が、養育環境が健全に人間のこころを育むのか、そしてそれをどのように作るのか……今後、福祉と心理学が手を取り合って進めていくべき課題であると思われる。

5　現代社会とこころの福祉

ここまで心理学の視点からこころと時代の関連を検討してきたが、こころは時代でかなり病むように思える。うつ病リスクの高いライフイベントの増加、社会規範との同一化を促す日本の風土、序列競争を抑制する社会システム、自己愛の問題……現代社会に潜むこころのリスクはこのように数多く指摘することができる。

また、ここで指摘した問題は基本的に健常者のこころの問題である。健常者であってもこころの問題を持て余し、こころのケアを必要とする。まして、何らかの障害を持つ場合は障害自体が日常生活の大きな負担となるので、ストレス耐性が弱まりやすい。障害を持つ人も同じ現代社会に生きており、同じようなこころの問題も持つだろう。そして、それはさらに深刻な問題である場合も少なくないだろう。障害者のこころの問題に福祉はどのように対応すればよいのだろうか？　そして、心理学の成果をどのように活用すればよいのだろうか？

現在の心理学研究はすでに生じたこころの問題をケアする心理療法と予防を進める心理教育の二つの方向で活用が進められている。最近、活用の最前線に立つ心理専門職の資格問題も議論されている。次の章では、その歴史と実際を検討しながら、現代社会の福祉におけるこころのケアの実際問題を探求してみよう。

〔**参考文献**〕

作田明・福島章編著『現代の犯罪』（新書館、二〇〇五年）
杉山崇「抑うつと対人関係」坂本真士・丹野義彦・大野裕編『抑うつの臨床心理学』（東京大学出版会、二〇〇五年）
中井久夫『分裂病と人類』（東京大学出版会、一九八二年）
三浦展『下流社会——新たな階層集団の出現』〈光文社新書〉（光文社、二〇〇五年）

第4章　心理学と福祉

1　社会福祉に心理学ができること（1）
――小史と現状の問題点――

本章では心理学が「福祉」にどのようにアプローチしてきたか、そして心理学が社会福祉に何ができるのか考えてみよう。そのために、本節では福祉との関係が深い臨床心理学の小史を検討して問題点を考えてみよう。なお、本章では福祉を「社会の構成員にもたらされるべき幸福」という意味で理解して議論を進めている。

臨床心理学小史

まず、**図4－1**で臨床心理学の成立を簡単に説明したので参照願いたい。臨床心理学は心理学を福祉の目的に応用したもので、初期には主に米国で発展した。十九世紀末、最初の臨床心理学は学習障害のある児童の心理的な機能不全の同定とそれに応じたケアから始まった。重要なことは、①心理学の発展でこころの機能がある程度明らかになり、②当時は障害に悩む人びとがいて障害の正体が不明であり、③心理学を応用したことによって障害の正体がつかめ必要なケアも明らかになっていった、ということである。これによって、障害への誤った悪いイメージ、偏見、差別、排斥的な考え方への科学的反論の根拠が与えられ、障害の改善可能性が示されたと言える。科学的な根拠だけでは人権は確保されないし、改善可能性が示されても障害の完全解消はない。しかし、未知のものに対する偏見を軽減し、社会的にも機能的にも正常に近づけられる可能性を科学的に示した意義は大きいだろう。

その後、米国で精神障害者の人権擁護運動、非行少年や失業者など社会的弱者の支援運動に心理学が巻き込まれる形で展開した。そして軍役の管理や有効活用のために知能検査やパーソナリティ検査が活用されるなど軍事目的で発展し、退役軍人の心的外傷後ストレス障害（ＰＴＳＤ）のケアで脚光を浴びるようになる。やがて、一般的な社会生活が営める健常者をより健全にする、健全さを維持する、子どもの問題行動の軽減や適切な行動の増加を図る、というように目的が拡大されて今日にいたっている。

一方で日本での歴史の始まりは、二十世紀半ばから学問としての臨床心理学がまず「輸入」されて

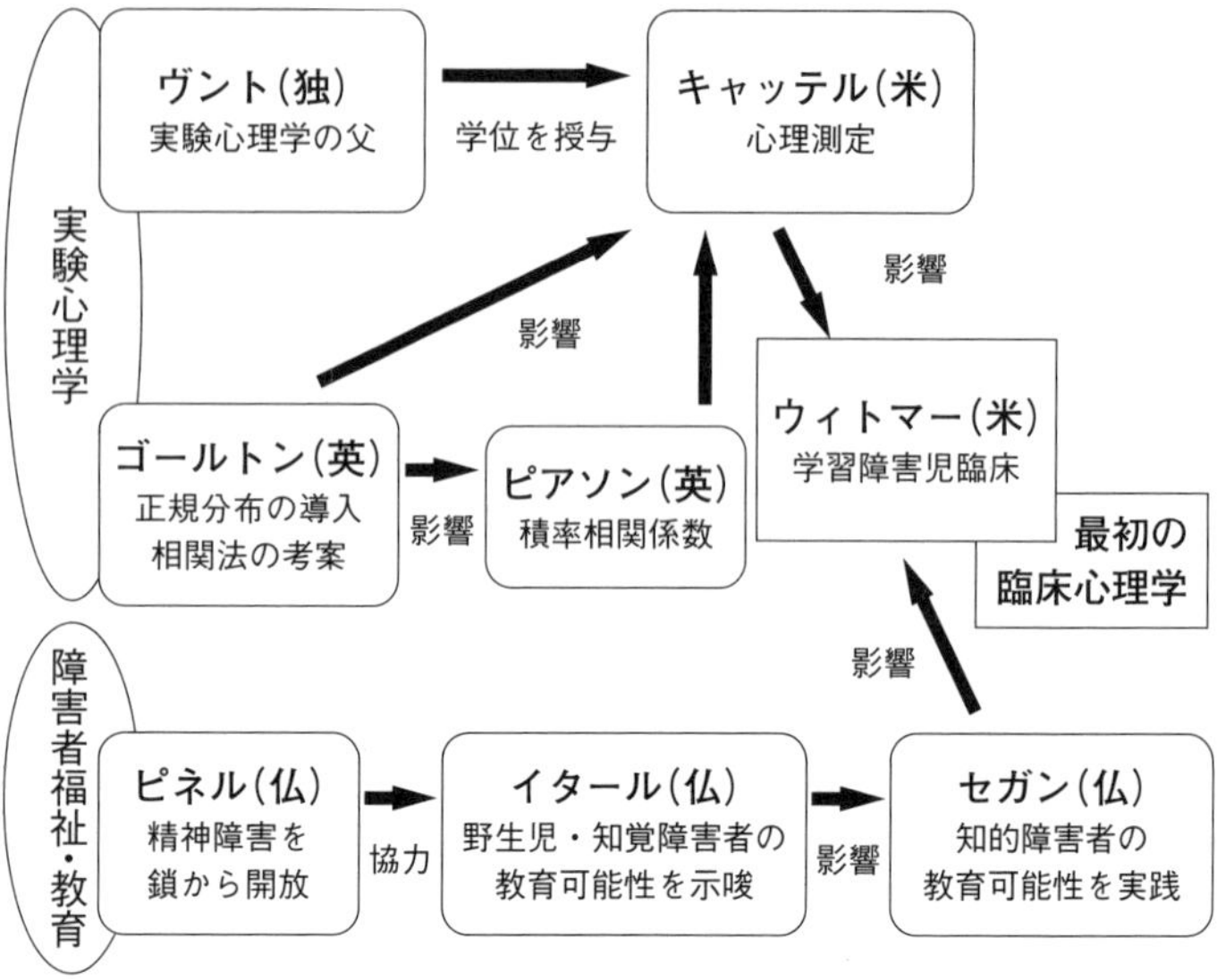

図４－１　臨床心理学の黎明期

（ ）内は主に活躍した国。

始まったという（下山晴彦・丹野義彦編『臨床心理学とは何か』〈講座臨床心理学1〉東京大学出版会、二〇〇一年）。欧米のような心理学の社会福祉への応用という発展ではなかったようである。輸入された心理検査の技術と「話を聴く」技術が、まず児童相談所、少年鑑別所、精神科の病院や学校などの公的または公共の施設で「実践」された。その後、心理的な支持を強調するカウンセリングが関心を集め、「カウンセリングマインド」という和製英語の登場とともに一般にも広くその存在を知られるようになる。さらに二十世紀の後半から末期にかけてこころへの関心が急速に社会に広がった。

臨床心理学への疑問

ここで一つの問題が浮上する。福祉とは人間の幸福である。社会生活に障害がある場合には、障害の軽減が福祉の向上になるのでイメージを持ちやすい。しかし、すでに社会生活を営めている人びとのケアとなると、よりよい状態とは何か、より健全な人間の状態とは何なのか、という人間観の問題が浮上する。人間観は価値観の問題であり、哲学的な話にもなってくる。科学性を求めて哲学から独立した心理学が明確な答えを出すのは容易ではないだろう。

例えば、クライエント中心療法を唱えあるべき自分に向かっていく人生のプロセス（自己実現化）を重視したロジャース（Carl Ransom Rogers, 1902－1987）と、人間の行動が決定される仕組みを明らかにして望ましい行動を増加させる応用行動分析を提案したスキナー（Burrhus Frederick Skinner, 1904－1990）の間で人間観における論争が繰り広げられた。ロジャースは、人間は進むべき方向性を自分で分かっていると考える。一方でスキナーは、人間は社会が納得する正しい行ないを正しく教えられるべきとする。このような論争は「性善説 vs 性悪説」のように非常に答えを出しにくい論争である。結論を急ぐより、議論を続けることに意義があるのかもしれない。ただ、この論争から心理学が人間の幸福や健全さを定義するのは困難な印象を受けるのは筆者だけではないだろう。

社会福祉とは人間の幸福を目指した活動であり、幸福に対する何らかのイメージや目標がないと活動しにくい。心理学による目標設定が困難ならば、実際のところ心理学は何を目指して社会福祉に活用されているのだろうか？　次節では、理論や理念から離れて現場の実情から考えてみよう。

2　障害者支援への心理学の応用と課題

本節では日本の社会福祉の現場で臨床心理学がどのように活用されているのか検討してみよう。福祉の現場は多様だが、ここでは児童養護施設（特に被虐待児のケア）と高齢者支援施設（特に認知症高齢者のケア）、そして精神障害者地域支援施設（主に統合失調症）を中心に考えてみよう。

児童養護施設

現在では心理職の配置が進み約半数の施設に心理職がいる。学童期へのアプローチには大きく二つの立場がある。一つは非日常的な場での個人心理療法を重視するフロイト（Sigmund Freud, 1856-1939）的立場である。治療場面という心身ともに安全な場で外傷体験の悲しみ、怒り、恐怖を扱う。さらに治療者との新しい人間関係を通じて新しい感情を体験する感情修正体験を目指す。これは心理職が日常的なケアから比較的離れていて、「心理の仕事」に集中できる場合に効果を発揮する。一方で、心理職が衣食住など日常的なケアも行なう施設では非日常的な場が作りにくい。その場合、生活に溶け込んで支援的で情緒的に深い人間関係を作るフェレンツィ（Sándor Ferenczi, 1873-1933）的立場が用いられる。この場合、心理職は日常的な暖かさや愛情を向ける安全基地のような役割を果たす。どちらの場合も安心感を与える役割に違いはない。しかし、外傷体験という負の領域を手当てする前者、人間的な暖かさや安心感という正の領域の不足を補う後者という違いがある。このほかにも、心理職を児童の心理的養育環境のコーディネーターとして活用する場合もあり、施設の状況や方針がさまざまなので心理職の業務内容は統一されていない。

認知症高齢者のケア

この領域では、第一の仕事は認知能力のアセスメント（心理査定）である。高齢者の場合は年齢とともに衰退する機能が多く、特に認知症の場合は記憶機能（記憶内容の検索、再生、再認）が低下する。その結果、現在の状況と過去がこころのなかで入り乱れ、ここはどこか、いまはいつか、自分は何をしているのか、誰と会っているのか、といったことが分からなくなる。また、混乱することで不安が高まり他者に不信感を持ち攻撃的になることもある。これらが典型的な認知症の症状である。しかし、認知症にも機能低下の状態はさまざまで、残存機能もある。心理職は症状の進み具合をチェックするアルツハイマー評価スケール、知的な機能を測定するウェクスラー成人知能検査など心理検査を駆使して、機能の低下状況を明らかにする。そのうえで残存機能の維持、低下した機能の回復を図るプログラムを提供する。例えば回想法やライフレビューと呼ばれる方法で、それまでの人生を語ってもらい、「喜び」や「悲しみ」を共有して機能の維持や回復を図る。また、語りの楽しさや安心感から他者への信頼感やＱＯＬ（Quality of Life）を高める。

統合失調症のケア

統合失調症者の地域生活の支援を考えてみよう。病状の管理などの医療サービスにも心理職が関わることがあるが、地域社会に暮らす場合には家族、作業所・施設のスタッフ、勤務先などの地域の支援資源と状況に応じて連絡を取り合う。心理職だけでなく保健師、精神保健福祉士などの職種も同じ役割を担うことが多い。ソーシャルスキルが十分に機能しない統合失調症者が地域社会で居心地が悪くなるようなトラブルの元を見つけ、未然に摘み取ることが目的である。地域の人びとにかれらへの理解や寛容を求めるだけでなく、かれらが関わる人びとの不安や困惑に耳を傾け、過剰な不安は軽減できるようなかかわりが要求される。またかれらの状態が悪くなった急性期にどのような状態を呈するか、どのような時期や出来事で状態を崩しやすいか、といった情報を集めてコンサルテーションも行なっている。このような地道な作業を通じて、地域社会との関係の確保、居場所の確保を図っている。

このように、被虐待児のケアでは主に外傷体験へのケアと欠けていた安心感の補充、認知症高齢者のケアでは機能低下の状態のアセスメント、思い出を語ることによる機能回復と他者信頼感の維持、統合失調症者であれば地域社会での居場所の確保が主な心理職の役割になっている。要約すると、こころの機能不全を補い、機能の回復や発育を促すアプローチが福祉現場における心理学活用の現実的な方向性の一つといえるだろう。

3　適応の心理学と予防

前節で見たように、福祉現場での心理の仕事はそれぞれの心理－社会的な障害や機能不全に焦点を当てて行なわれている。幸福を阻むものを軽減する、という考え方で福祉に貢献していると言えるだろう。

健常者へのアプローチ

ここで健常者を考えてみよう。健常者は基本的に社会生活が営めている。ストレスや不全感はあるにしても、本人のこころも社会性も「正常な」範囲で機能しており、幸福は特に阻まれていない。健常な人びとの福祉には心理学は無力なのだろうか？

この章では、この問いへの答えとして「健常者の福祉にも貢献できる」と考える。近年の心理学、特に健康心理学の領域では人間の「健全さ」を維持する「予防」の重要性が指摘されている。また、前章で見たように心理的な問題の発生メカニズムの研究も発展し、問題の発生そのものを軽減する方略が提案されている。また、予防方略を効果的に実施するための心理教育プログラムも開発されている。日本では比較的新しい試みだが、筆者が研究員を務めているオフィスでも企業研修で心理教育プログラムを提供してほしいというオファーがあり継続的に実施されている。ほかにも企業が従業員の

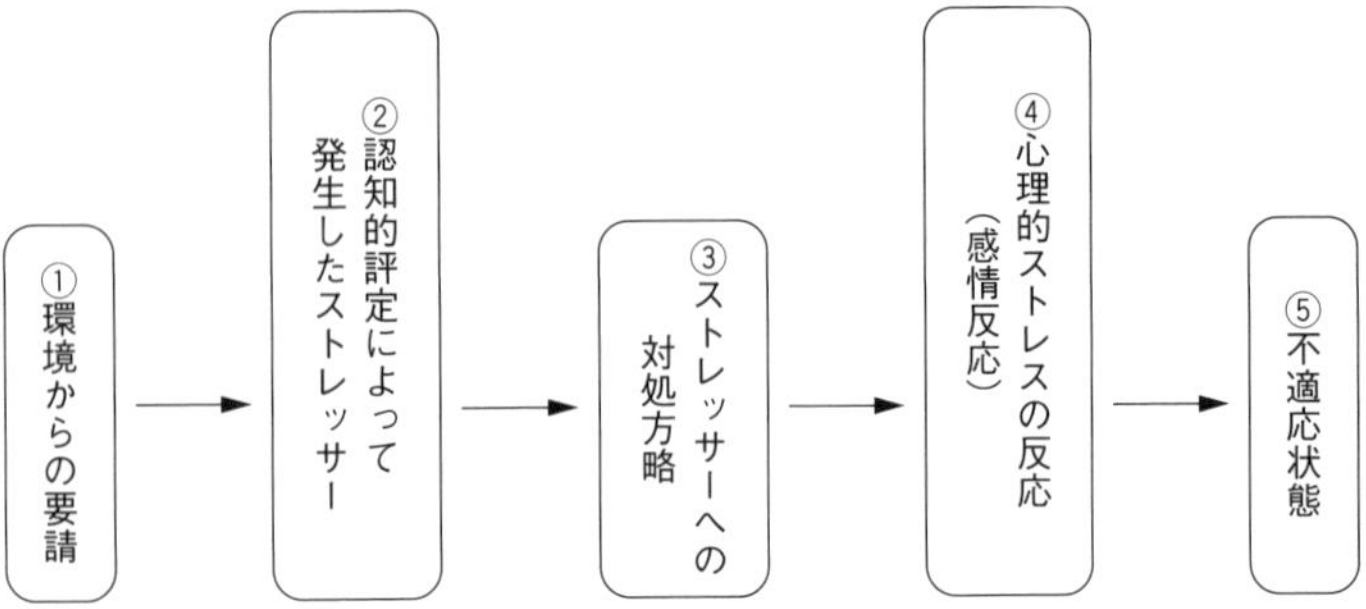

図4－2　ラザルスのストレスモデル

福利厚生の一環として個人のメンタルヘルスに取り組むEAP（Employee Assistance Professionals）も専門サービスとして提供されている。現代の心理学ではこころの問題の発生そのものを予防する心理教育でも健常者の福祉への貢献を目指しているのである。

ストレス・マネジメント

予防の例としてストレス・モデルを紹介しよう。**図4－2**のように過度の負担がストレスになり（②）、身体的反応（自律神経系の亢進など）や心理的反応（不安・抑うつ・怒りなどの気分不調）を引き起こす（④）。気分不調が長引くと不快なスキーマが活性化され、若年層ではスキーマ自体も大きな影響を受けて不適応状態になる（⑤）。しかし、必要以上に問題を大きく考えている場合には②で、何かよい手立てがあれば③で、ストレス反応から過重負担が明らかになれば④で負担を軽減する、といったように過程の進行を途中で止めれば理論上は不適応が回避される。回避まで行かなくとも、途中で手を打てば不適応の軽減にはなるだろう。

　このアプローチも「幸福の崩壊」を防いでいるにすぎないので、心理学が人間を幸福にしていると は言い難い。しかし、健常者の福祉の一つの形と考えてよいだろう。

4　心理学から社会福祉学へ、社会福祉学から心理学へ

　ここまで見てきたように、心理学は人間の福祉の向上にさまざまな試みをしているし、またさらなる貢献を目指している。しかし、人間はこうあるべき、こうなるべき、といった人間の理想像やモデルの提案にはいたっていない。不幸は予防したり、軽減したりできても、人間を幸せにしているかというと分からない。近年の心理学は、ある分野に秀でたエキスパートや社会適応している人間がどのような思考と行動の様式を持っているのか明らかにし、それに近づくための認知療法や行動療法も開発した。それができなくて困っているというニーズがある場合には有効な方法である。しかし、これが人間の在り方の理想像かどうかと言われると、また別の可能性も浮上してくる。

　つまるところ、心理学はある個人が何らかの困難を抱えていて、ニーズが明確になっているときに福祉への貢献が大きいように思われる。そして、人間や社会の在り方を提案したりリードしたりすることはあまり得意な学問領域ではないのかもしれない。心理学は個人や集団の行動、思考、感情を予測し統制する法則や方略の発見を追求するという目的で始まった（例外的に、人間性心理学は人間の

在り方の探求から始まったが、ここではそれ以外の心理学とその成果を指している）。そしてその発見は多くの応用可能性を持つものの、その応用の方向性は社会から要請されるニーズに頼っていると言えるだろう。

一方で、社会福祉学を考えてみよう。社会福祉学は人間の福祉、つまり幸福に向けて多くの議論を積み重ね提案してきた。例えば、人間の平等はどのようにあるべきか、国家はどのようにあるべきか、人間はどのように暮らすべきか、制度はどのようにあるべきか、社会はどのようにあるべきか……。このような「あるべき論」として理想や理念の追求が可能である。このことが心理学と社会福祉学の重要な違いであるように思われる。つまり社会福祉学は心理学がなかなか提案できない「理想的な人間の在り方、理想的な社会の在り方」を論じることができる。そして、それこそが心理学の福祉への活用をリードしてくれるものかもしれない。

5　社会福祉に心理学ができること（2）
――福祉の目的・理念に導かれる心理学――

前節までに社会福祉学は心理学に目標と目的を提供する可能性が浮上してきた。臨床心理学は社会的弱者を支援する福祉運動が心理学を巻き込んで発展してきた一面を持つ。つまり初めに社会福祉のニーズや運動があった。一方で日本の臨床心理学は歴史的な経緯だけで見ると社会福祉のニーズや社会運動のなかで発展した印象が薄い。実際、臨床心理士の養成過程では福祉関係の科目は設けられていない場合が多い。ここでは心理学者と福祉学の関係と、そして日本の心理職について筆者なりに考えてみよう。

心理学者と福祉学

心理学には人間や社会を数値化する技術がある。数値化することで理論、方法、提案、理念の妥当性を検討し、裏づける証拠を出すことができる。また、心理学は人間や集団に介入する方法を持っている。社会福祉学が目的とする状況や状態に持っていくにはどのような手続きが必要か、どのような介入・操作が必要か、これまでに蓄積した法則や発見を駆使して妥当性の高い方法を示すことができる（ただし、結果を完璧に保証することは、医師が手術の成功を完璧に保証できないように困難であるが……）。

しかし、活動の実際には、いつどこで、誰を、どのように、そして誰の依頼で、誰の負担で、といった現実問題が伴う。その意味で実社会の実際問題から生まれた社会福祉のニーズや運動とリンクしていなくては真価がかすれるだろう。まれに心理学者が隠れたニーズを科学的・統計的に「発見」することもある。しかし、現実的で有効なケアのためには、どのような法制や体制があり、誰の協力が必要か、協力者をいかに募るか……、といった部分で福祉の専門家から助言が必要になる。心理学は福祉学に導かれる部分を持つことで、人間の幸福のためにその効力を最大限発揮できるように思われる。

心理職と資格について

現状で最も任用機会の多い心理職は民間資格の「臨床心理士」である。臨床心理士は専門課程修士修了とやや高度な専門資格である。ただし大学学部教育は規定がない。数量化や介入技術の精度を考えると、医学部のように学部からの六年一貫教育や博士課程修了程度のより高度な教育や技量の厳密な評価システムが必要になると思われる。その一方で日本では近年の心理職の国家資格問題で大学卒の心理職の資格が議論されることもある。大学卒で心理職を規定するならば、人間の障害や健康に関わるという問題の重さから、実施する心理検査や援助はある程度マニュアル化できる業務に限定される可能性もある。高度な査定や困難な事例への対応は制限されてくるかもしれない。

資格の問題を考えるには社会が、特に利用者が必要とする援助を明らかにする必要があるだろう。心理職に何を求めているのか、他職種にできないことは何か、資料をもとに議論しなくてはならない。その際には、実社会のニーズの実際について社会福祉学の意見も取り入れるべきだろう。これまでに臨床心理士の資格体制は外部から賛否さまざまに評価されてきた。評価の妥当性はさることながら、「否」の部分として「有効性に疑問がある」、「科学性が低い」、「資格自体が権威的だ」などと、やや過激な表現も耳にすることがある。このような評価を無視せずに熟考してみると、養成過程で教えられる理論や方法を機械的に「実践」・「適用」すること、そして「……療法」・「……派」という伝統や閉鎖的なコミュニティを作ってしまうことの危険性を示唆しているようにも思われる。実社会の人間と諸問題は実に多様である。理論や方法は援助の雛型ではあっても、単なる「適用」や「実践」が簡単に効果を持つとは思えない。利用者のニーズは個々に異なる。利用者の「顔」をしっかりと見て、「本当にこの援助を求めているのか」、「福祉は向上しているのか」、常に問い続けたい。そして目の前の利用者のために新しい援助方法を探る努力を職業的な喜びとしたい。筆者は一人の臨床心理士として、このように願っている。筆者の理解では臨床心理士は一つの福祉職としての側面を持つ。常に自分の仕事を省みて社会福祉学とのよい関係を続けることを求めている。

〔参考文献〕

伊藤絵美『認知療法・認知行動療法カウンセリング初級ワークショップ』（星和書店、二〇〇五年）
河合隼雄監修『原理・理論』〈臨床心理学１〉（創元社、一九九五年）
小杉正太郎『ストレスマネジメントマニュアル』（弘文堂、二〇〇五年）
下山晴彦・丹野義彦編『臨床心理学とは何か』〈講座臨床心理学１〉（東京大学出版会、二〇〇一年）二七－五〇頁
杉山崇・前田泰宏・坂本真士編『心理臨床の基礎学と折衷統合的心理療法』（ナカニシヤ出版、近刊）
アーノルド・A・ラザラス、高石昇・大塚美和子・東斉彰・川島恵美訳『マルチモード・アプローチ――行動療法の展開』（二瓶社、一九九九年）
カール・R・ロージァズ、村山正治訳『人間論』〈ロージァズ全集12〉（岩崎学術出版社、一九六七年）

第Ⅲ部

子どもと家族

第5章　子どもという「危うさ」

1　子どもをめぐる「危うさ」議論のあやしさ

子どもは「危険」かそれとも「無垢」か

子どもをめぐる事件の増加・重大化が新聞、ＴＶを中心としたマスコミで近年取りざたされるようになってきている。そして、それを背景として、少年に犯罪者としての「自己責任」を問う声が高まりつつある。

たしかに『平成十六年版　犯罪白書』は、「少年刑法犯検挙人員は、平成十三年以降増加が続いており、十五年は二十万三六八四人（前年比〇・六％増）であった」と指摘している。しかし、この少年刑法犯検挙人員のほとんどは、万引きなど軽微な罪を犯した触法少年なのだ。しかも平成十三年以降とほんの数年の傾向が言われているにすぎない。かつての戦災孤児たちが、犯していた犯罪数の方がはるかに多い。軽微な犯罪だけではない。凶悪犯罪においても、ここ数年微増しているとはいえ、最盛期であった一九六一年当時と比べると、八分の一から四分の一程度まで減少しているのだ。量的に急増しているとは言い難い。

問題の核心は、量的な増加ではなく、質的な変化である。それが大人をして、「子どもが見えない」と言わしめている。その変化はすでに九〇年代から起き始めている。この質的な変化は、子どもの側が変化したと言うよりも、社会の高度情報化により子どもが変化させられた面が多い。例えば電話が固定から携帯になり、子どもでさえ一台ずつ持つようになり、相手の顔を見て直接言葉をかけるよりも、メールによる交信が友達づきあいの基本となってしまった。子ども自身が変化したというよりも、社会全体の変化が子どもを取り巻く環境を変えてしまったのである。

もちろん、子ども自身が自から変わった側面もある。八〇年代以前は、犯罪や事件を起こすのはいわゆる「問題児」であった。親の収入が少ない、片親である、成績不良など、ふだんから何がしかの「問題」を抱えている子どもであることが多かった。周りも、「あぁ、やっちゃったか、あの子ならなぁ」と勝手に了解できる領域で、少年事件は起きていた。しかし、いまや事件を起こすのはいわゆる「よい子」である。家庭環境も悪くなく、学業成績もよい、そんな子どもが突然に事件を起こしてしまう。何の問題もない子どもが突然「キレ」るとも言われた。周囲の大人たちにとっては、了解不能な出来事として映る。そこで、了解を可能にするために、「精神科医療」が持ち出されるようになった。それにより「行為障害」などのレッテルを貼り、周りの大人たちは、本質的には分かっていないのにもかかわらず、了解した気分になり、落ち着くのだ。

これらのことを前提としながら、以下各論を進めていきたい。

貧困の時代からの変容

かつては、子どもの問題と言えば経済的貧困が中心的課題であった。経済問題から子どもの非行あるいは福祉を見ようというアプローチは、まだ社会が充分に豊かでなかった社会では、当を得たものであった。よって、経済的豊かさを高め、どの子にも充分な教育を受ける機会を保障すればよいということになっていた。

もう一つの問題は、地域共同体の持つ教育力が崩壊していく過程で起きた「きしみ」であった。一世紀前の子どもは、地域共同体のなかで、親からだけではなく地域の多くの大人たちから、「ものの道理」を自然と教わり、身につけ大人となっていた。共同体内の軽微な犯罪などは、法の裁きではなく、その共同体内で片づけられていた。身分制社会の名残を残しながらも、またさまざまな偏見や差別を含みながらも、総体としては安定したシステムを維持していた。そこでは、学校的な知の競り合いは、あまり機能していなかった。初等教育（小学校）は曲がりなりにも受けていたが、中等教育（現在の中学校、高等学校）を受けるものは、ごく限られたエリートだけだったからである。小学校を出た子どもたちは、親の仕事を見よう見まねで覚えていき（これをオン・ザ・ジョブ・トレーニングと呼ぶ）大人として認められていった。

そうした大人になる仕方（学びも仕事選びも）が、近代化のなかで変化していった。変化のきざしは一九二〇年代の都市ホワイトカラー層に現われていたが、特に第二次世界大戦後の民法改正を経てからは、家族スタイルも多世代大人数型でなくなり、六〇年代には夫婦と未婚の子どもたちが一般的となった（こうして整理する類型を社会学ではイデアルティプス（理念型）と呼ぶ）。この背景には、社会の産業構造の変化、つまり農業から商工業へと就業構造の変化がある。職業選択の自由のもと、都市型のサラリーマンが新しい大人像となった。家族は地域や親族一同の縛りから解放され自由になった。それと同時にその支えを失ってしまった。性別役割分業も再編され、子育てはほとんど母親に委ねられるようになった。そして教育基本法により義務教育も九年間に延長され、学歴の持つ重みが急速に増大した。職業選択の自由といっても、学歴によってつける職業が決まってくる。ここに学歴競争が始まる。これが社会全体の学校化の始まりである。例えば、医学部を出なければ医者にはなれない。中学卒業だけでは、所得の高い職業につきにくいというような競争原理が教育のなかで働きだした。教育基本法第四条に教育の機会均等がうたわれているが、あくまで理念であり、現実化しているとは言えない。そもそも、達成されていないからこそ条文として明記されたと言ってもよい。だいたい、十五歳で自分の一生の仕事を決めることが不可能な複雑な社会なのだ。「無目的進学」などと非難されることもあるが、高校進学率九〇パーセントを越えた七〇年代以降、高校へ進学しないことはマイノリティの烙印（スティグマ）を押されたに等しいものとなってしまった。

社会の再編＝「子ども問題」の再編

大人も子どもも昔風の「ものの道理」で、生きられる時代ではなくなった。社会的な「契約」（校則などの決まりごと）を根本原理として、子どもを含めて徐々に社会は再編されていく。それは子どもたちにとって、学校での管理という形で現われてくる。それを校則という形で明示すると管理教育となる。そして、その「契約」破りである犯罪の質も変わった。かつては、背景に充分に教育を受ける資金がなかったなど、経済的問題が見て取られることが多かった。しかし現在、問題となっている少年・少女の犯罪は、経済的貧困では説明がつかない。代わってその個人の精神状態が問われるようになった。そのため精神鑑定が行なわれることが多い。いわゆる心理学主義である。経済的問題に還元するのではなく、精神医学的な問題に原因を見つけるのだ。犯罪をどう見るかという視点そのものも、変化しているのだ。そして、高校・大学に進学しても、医歯薬系に代表される職業と直結した学部を除けば、将来の約束はどこにもない。社会の好不況で、就職が左右されてしまう。個人の努力が全くむだだとは言わないが、景気の方が、より決定的な意味を持つ。就職に学歴は必要だが、それだけでは充分ではない。学校時代は先の見えない長期の徒弟期間となってしまい、いまを我慢し未来の職業に賭ける意欲はわきにくい。子どもや青年たちは徒弟期間そのものを楽しむようになりがちである。それが大人の目には刹那的享楽主義者に見える。七〇年代、八〇年代と、管理教育は批判され、少し揺らぎを見せたかのようにも思える。しかし、二十一世紀になった現在、アメリカ的な強者の新自由主義が世界中に広がっていく風潮のもと、本来保護されるべき子どもにまで自己責任を問うようになってしまった。「自由」な競争にさらされながら、「よい子であれ」という命題に合わせないと褒められない。時代は「自発的」でソフトな「管理民主主義」として再編されている。

2　「暴力」をめぐる大人と子ども

暴力としての教育

現在もなお第三世界では、学校へ行けない子どもがたくさんいる。児童労働を強いられる子どもがいる。そのようななかで、学校が暴力だなどとはなんと不謹慎なと言われてしまうかもしれない。しかし、ここで考えてみよう。生まれたばかりの子どもが持つ全能感が解体され、社会的存在となっていくことをパワーバランスで考えてみる。最初はすべてを受け入れてもらえた子どもも、社会の規範、約束事を守らなければならない存在になっていく。大人社会が、約束事を守ることを子どもに強いる。この一方的な関係は「暴力」と見なせないだろうか。大人と子どもは非対称である。圧倒的に大人の方が強い。子どもは親に保護されないと生きていけない。言うなれば、大人に振り回される存在である。そのことを権力関係から見ると「暴力」と呼べないだろうか。その「暴力」を、前節でも見たとおり、かつては共同体が振るっていた。現在においては、家族や学校がそれを担っている。社会原理がかつての「互酬」「相互扶助」「再分配」という暗黙の規範（この形で成立している社会をゲマインシャフト〈共同社会〉と社会学は言う）を捨て、「契約」「競争」というシンプルな規範（これによる社会をゲゼルシャフト〈利益社会〉と言う）に乗り換えていった。子どもたちにとってその競争は「受験戦争」という形で現われる。幼い頃から、「よい学校、よい就職」へ向けての競争は熾烈なものへとなっていった。

「一億総中流」幻想の成立と崩壊

それでも八〇年代までは、その勉強の先に、「よい会社」への終身雇用という夢があった。学歴もだいたい、親よりはワンランクアップするという（つまり親が中卒なら子は高卒、親が高卒なら子は大卒）、右肩上がりの現象が起きていた。それで「一億総中流」という幻想も、何とはなしに受け入れられていた。貧富の差は小さくなっているなどと説明されながら。

この時代、「一億総中流」は社会意識として大きな力を持っていた。「みんなお互い中くらい」の意識が社会を安定させていた（女性差別や障害者、部落、在日朝鮮・韓国人などの問題はあったにもかかわらず）。この頃の少年犯罪には、「中流」に入れない者からの社会への復讐という面もあった。

夢を持てない少年少女たち

一九九〇年代からの構造的不況の社会になると、そこに組み込まれた子どもたちも変容する。戦後、焼け野原から出発した日本の社会は、バブルがはじけるまで、右肩上がりの高度成長経済を続けてきた。収入面でもそうであった。学歴面でも親よりワンランクアップである。ところが、親を越えられないというのが、いまの子どもたちの現状である。まず構造的に就職口が少ない。親の持っている資産（バブルで膨れ上がった土地や株）を越えることもできない。親たちは年金生活でそこそこ暮らせるのに、子どもたちの世代は数十年先の年金が当てにならない。しかも、親がもらっている年金は自分たちが払っている保険料だという不満もたまる。

高校生たちは、「東大出て官僚になっても、給料しれてるしねぇ」とうそぶく。この高校生たちに、いわゆる「向上心」は感じられない。そういう高度成長経済型の「社会化」（社会規範に沿った成員となるということ）は、もう「一億総中流」幻想の崩壊とともになくなってしまった。「勝ち組」の超エリートになるのは、ほんの数パーセント。ＩＴ産業の星のように語られ選挙にまで出たホリエモンも、一皮めくれば株価操作で利ざやを稼ぐ古い「金融資本主義」の偶像だった。「勝ち組」にも世界を舞台とした激烈な株価の競争が待っている。

「負け組」に分類される多くの子どもや青年たちは「まったり」と滅んでいく過程を生きるしかない。それが、金融資本主義をも超える「スローライフ」になりえるかどうかは、いま試されているときであり、その結果はいまだ判然としない。ただ言えることは、誰もが、市場経済の成功者になれるわけではないということだ。いや、まずなれないと言い切ってもよい。そのなかで、筋を通そう、よい子でいようとすると、熾烈な内面の葛藤を抱えることになる。あらゆる不登校がそうだとは言わない。しかし、この無理が、不登校につながることもある。フリーターにしても、ニートにしても大多数を占める「負け組」の一つの在り方なのだ。そもそも、「勝ち組」がよくて、「負け組」が悪いわけではないし、この二分法自体も問題だ。

強いられる「よい子」

そのなかで、「よい子」を演じることは大変つらいことだ。経済状態の悪い現在において、親が自分の果たせなかった夢を、子どもに託することなど、不可能と言ってもいい。親の過度な期待だけで精神的な虐待になってしまうこともある。しかも、学校の規範と、社会の規範が、ずれてしまっている現状がある。学校が課するのは古い社会規範である。そして社会の規範と乖離した古い社会規範を強制する学校は、子どもの目には暴力と映るかもしれない。体罰は法律によって禁じられているにもかかわらず、体育教師（すべてのではないが）を中心にまだなくならないのが現状である。体罰で鍛え上げるのは本当は効率が悪い。会社で体罰を加えようものなら大変なことだ。社会全体の規範はそうなっている。にもかかわらず、学校ではなかなか問題にならない。しかも体罰は、法で禁じられているだけではなく、危険も伴う。さすがに体罰で死亡する子どもたちは減った（なくなってはいない）が、死にはいたらなくとも肉体的・精神的後遺症を残すことは少なくない。体罰の問題、いじめの問題、およびそれが引き金になる子どもの自殺にも共通するが、命をかけてまで、学校へ行けと言えるだろうか。それなら不登校になってしまう方がましだとも言える。

セクハラを許してしまう、陰湿ないじめを放っておく、会社のためにサービス残業どころか自殺までするといった大人社会のねじれも、学校文化は反映している。さらに体罰・丸刈りなどの古い因習も、学校社会の文化の一部となっている。大人の社会の持つ文化の悪いところを学校で再生産するのか？　だが、もう近代化してしまった日本社会で、かつてのような共同体社会に丸ごと戻ることはできない。復古主義は不可能である。またそれが可能であったとしても、共同体の持っていた問題、男女の不平等、エタ・ヒニンを含めた身分制や村八分といった問題も同時に浮上してくるだけである。それは、かつてきた道、戦争への道かもしれない。子どもを大事にしない文化となる可能性もある。青少年の命を特攻隊という形でむやみに奪ってしまった文化に戻したくはない。また重度障害児によく見られることだが、大人が子どもに適切な処置をせず死にいたらしめても、責められることが少ないのに対し、子どもが大人に危害を加えると、「近頃の子どもは」という形で糾弾的なニュースになる。

いかなる子どもであっても、人格を尊重し人間扱いされなければならない。子どもの人格を否定する文化は乗り越えられるべきであり、近代化のプラス面として乗り越えられてきたはずだ。前近代社会では、生き残った者だけが人間扱いされたという。乳幼児死亡率が高く、多産多死の社会であったからだ。少子化対策が言われる社会においてそれは当てはまらない。それよりも、ささやかでもいいから大人社会が夢を持てる社会へと再構築されたとき、学校を含めた子ども社会も、希望の持てる再生が可能になるだろう。

3　子どもと大人の「責任」、「子どもから大人へ」の道

子どもの権利条約

子どもの人格を保障し保護するものとして「子どもの権利条約」を考えてみたい。なぜなら現在は、子どもが保護されながら自然と「ものの道理」を身につけていく社会ではないからだ。「契約」を原理とする近代社会では、子どもの人格を尊重するにも、法律・条約などで明文化されなければならない。この条約は一九八九年、国連で満場一致で採択され、日本も九四年に批准した。「子どもの権利条約は第三世界の問題だ」との主張もあったが、この間にはさまざまな運動があって、日本政府も重い腰を上げてようやく批准した。問題点がないわけではないが、非常に意義のある条約であることに変わりはない。

この条約の成立にはこれより十年前の「女性の権利条約」での経験が活かされた。しかし決定的な違いがある。女性は権利主体・責任主体としてその能力を行使できるし自己責任も問える。しかし、成長途上にある子どもには全面的にそれを求めることはできない。保護されるべき存在でもあるのだ。ここに問題点がある。保護されるべき主体でありながら、「年齢及び成熟に従い」権利を主張できる主体であるとはどういうことなのか。その間にどのようなはっきりした線引きが可能なのか。しかも権利を主張するのであれば、法的にも自己責任の問題が問われてくる。少年法の問題の難しさはここ

にある。これは、第三世界の子どもに限った問題ではない。

例えば、第十二条に「意見表明権」が明記されている。たしかに生徒会などの場所では保障されている。しかし、最近少し変わってきたとはいえ、子どもが不登校する意見表明は許されるだろうか？

フリーターになる権利は保障されているだろうか？　現実には、正社員になるには高卒の資格が問われる。このことは、いまは国会議員の保坂展人が若いころ突き当たった壁でもあった。高卒の資格がないと正社員になれないのが現実だ。かれは中学生の時代に「意見表明」したばかりに、内申書に悪く書かれ、長期にわたる内申書裁判にいたるまでになった。高校中退である泉谷しげるも、転職を繰り返すことを余儀なくされた。かれらのように特別な能力を発揮できる人たちはまだそれでもいい。またいろいろと就職口のあった時代ならまだいい。高校中退十万人、小・中学校の不登校十三万人の多くは、かれらのような能力を持っているとはかぎらない。むしろ、普通の子どもが将来どうありたいかという夢を持てずに苦しんでいる。「年齢及び成熟に従い」という言葉は、現実には「まだ子どもだから」とか、「子どものくせに」とか言いくるめられる根拠に使われる。しかも、それにもかかわらず、子どもに「自己責任」を求める風潮が高まってきている。

条約が認めている国内法の整備も遅れている。少年法の改「正」に従い、自己責任能力が問われる年齢だけが下げられた。その一方で、子どもに丸刈りの強制が行われている学校はまだある。それに、子どもたちはちゃんと意見表明をしたり、弁明したりする機会を十分に与えられているだろうか？　不登校の子どもを、適応学級や児童相談所、果ては精神科にまで引きずりまわす親に対し、

「僕もういやだ」と意見表明できるようになっているだろうか？　精神科における親の同意による医療保護入院も問題だ。そのことが、かえって二次障害を起こす可能性が推論されるにもかかわらず、である。

本当の子どもの保護とは

いま求められているのは、子どもへの「自己責任」の追及ではない。何の保障もなしに、さあ「自由競争」ですから、みなさん「自己責任」で起業でも何でも夢を持って試してください、と言われてもあまりにもリスクが高い。構造的不況のなかでそう簡単でないことは、子どもたちは実感を持って知っている。求められているのは、むしろ社会的セーフティネットという「保護」なのだ。失敗してもセーフティネットに助けられ、もう一度やり直しが利くという可能性があってこそ、さまざまなことに夢を持ってチャレンジできるというものだ。紙幅の関係で詳しくは書けないが、子ども・若者向けへの社会的セーフティネットがあってこそ、思い切ってさまざまなトライアルが可能となり、社会が活性化されるのだ。

子どもだけでなく、大人たちも、将来の夢と展望を持ち、ともに生きていける社会を構築しないかぎり、子ども問題の最終的解決はない。

〔参考文献〕

フィリップ・アリエス、杉山光信・杉山恵美子訳『〈子供〉の誕生』（みすず書房、一九八〇年）
井上俊ほか編『こどもと教育の社会学』〈岩波講座現代社会学12〉（岩波書店、一九九六年）
イヴァン・イリッチ、東洋・小澤周三訳『脱学校の社会』（東京創元社、一九七七年、原著一九七一年）
イヴァン・イリッチ、玉野井芳郎・栗原彬訳『シャドウ・ワーク』〈同時代ライブラリー〉（岩波書店、一九九〇年、原著一九八一年）
苅谷剛彦『学校って何だろう』（講談社、一九八八年）
苅谷剛彦『階層化日本の教育と教育危機――不平等再生産から意欲格差社会（インセンティブ・ディバイド）へ』（有信堂高文社、二〇〇一年）

第6章　家族の現在と未来

1　社会階層と家族の類型

家族の類型

あなたが、家族と聞いたとき、どういう家族像を思い浮かべるだろう。家族とは血縁と愛情で結ばれた集団である。もしあなたが未婚であれば、父親、母親、未婚の兄弟姉妹がその成員という人が多いのではないだろうか。反対に既婚者であれば、自分の配偶者と、未婚の子どもたちとなる。もちろん、全メンバーがそろっているとはかぎらない。死別や離別により、父親あるいは母親がいないということもあろう。また、この少子化の時代、兄弟姉妹のない人も多いだろう。また既婚ではあるが、子どもがいないという家族もあるだろう。しかし、それ以外の成員が家族のなかにいる人は少ないのではないか。議論を単純化するために、あなたが未婚者であるという設定で議論を進めていこう。既婚者である人も、未婚の時代を経験しているからこのモデルは、既婚者でも有効性を損なわないだろう。

ここで考えたいのは、この家族モデルが、昔から固定的にあったわけではないということだ。主流である家族像は、歴史的に見ても変容している。五十年前といまでは違うということだ。どのように家族像は変わってきたのか、これから変わろうとしているのか、復古調になるのではなく、現実的に「福祉社会のなかでの新しい家族像」として探っていくことにしよう。

夫婦家族と拡大家族

前述のようなタイプの家族は、「核家族」あるいは「夫婦家族」といい、現在では最も多いタイプの家族のあり方である。勤めに出て主たる家計維持者となるのは父親であり、母親は専業主婦かパート労働というのが、最も典型的な現在の家族像であろう。このような夫婦家族が家族の典型となったのは、そう昔のことではない。この夫婦家族が日本社会で出てきたのは一九二〇年代のことであり、それが理念型となったのは一九六〇年代からのことである。職住が分離し、父親が会社に勤めに出るという「新中間層」の成立が一九二〇年代に始まってからのことである。

それに対しかつては多かった農家や個人経営の商家など（これらを「旧中間層」と呼ぶ）では、祖父や祖母が家族のなかにいて三世代同居で、みなで仕事をしていた。これが二十世紀初めまでの理念型としての家族だった。こういった家族のなかに夫婦が二組以上ある家族を「拡大家族」という。夫婦家族にはない「生産」という機能を持っているのが大きな違いである。子どもまでもが、子守をするというように「生産」に携わっていたのだ。そして家父長制に基づいた家父長たる父親の権限は、法律面などで絶大であった。女性は結婚するというよりも、労働力である「嫁」として他のイエと交換されていた。今でも相撲部屋の「おかみさん」にその名残が見て取れる。

それが農家や自営業者の減少によって、現在ある夫婦家族が、新しい家族の理念型として取って代わったのが一九六〇年代である。父親一人が家計を支える家族は、家族の成員は多人数にはならない。反対に農家などでは、家族の成員が力を合わせて生産を行なうので、成員が多い拡大家族は働き手が多くて都合がよい。さらには、近隣に住む親族まで動員して、田植えや稲刈りをする拡大家族では、親族と家族は、はっきりとした境界線を持つものではなかった。拡大家族は、親族によって包含され、また支えられていたのだ。夫婦家族と違い、家族と親族の区別は曖昧なところもあったほどだ。

それに対して、働き手がほとんど一人に限定される夫婦家族は、親族から経済的にも完全に独立した存在である。親族のしがらみから自由であるかわりに、成員を多方面から支える仕組みを失ってしまい、介護保険などに見られるように、社会全般でシステムとして負担しあうという意味で「社会化」していった。また「核」と思われていた夫婦家族においても、ウチつまり家事や育児に専業主婦として専念するものと思われていた女性も、現在では何らかの形で働きに出ている人が過半数を超えるようになっている。さらに離婚率も上昇し、現在ではあたかも「核」分裂するかのように、家族の成員がバラバラになることも珍しくなくなってきている。

問題を整理してみよう。「拡大家族」は、その絆の深さが、各成員を支えるプラス面にも束縛になるマイナス面にもなっていた。「核家族」は、因習的な縛りから自由になったが、孤立しがちであり、支え合いが危うくなった部分が、「社会化」によって補完されねばならない面を持つ。よって考えるべきポイントは、自由でありながらも連帯できる家族像をいかにして築いていけるかということになる。

2　家族の機能と性別役割

性別役割分業の今昔とジェンダー

前述したように、夫婦家族では父親が主たる家計支持者となり、ソトへ賃労働に出かけていた。それと対応するように、母親は家事・育児に代表されるようなウチのことに専念していた。このように、家族の機能から「生産」がなくなって、「男は外、女は内」という性別役割分業が固定化された姿は、意外にも、古来の伝統的家族というより、二十世紀近代型の家族像なのである。

拡大家族でも性別役割分業はあった。稲作農業の重要な田植え一つ取ってみても一過程ごとに、男の役割、女の役割が決められていた。しかし、それは社会・文化的なものであり、決して生まれついての生物学的な性別・性差（これをsexと呼ぶ）に基づくものではない。出産と授乳以外では女性の役割を男性が物理的・能力的に果たせないわけではない。男性の役割もまたそうだ。医師は男性で（女性の医師はあえて「女医」と言われた）、ナースは女性である（つい最近まで看護師でなく看護婦と呼ばれた）のはなぜか、生物学的な性別の能力問題で説明することはできない。しかし、そこには明文化されていなくともみなに了解されているおきてが存在するのだ。この社会・文化的な性差を社会学・女性学では、ジェンダー（gender）と呼ぶ。そこに生物学的な性差による根拠はほとんどない。それぞれの社会で文化的にさまざまに作り上げられてきたものとしか言いようがない。

このジェンダーが、夫婦家族となってくると、再編されて一様な形をとりだす。つまり、男性はソトへ働きに出て、賃金を受け取り、女性はウチで家事・育児に専念するという近代的な性別役割分業である。背景には市場経済社会の広がりがあるが、産業革命の初期（日本では二十世紀初頭まで）においては、女性が工場労働に駆り出されるなどソトへ働きに出ていたこともある。夫はサラリーマンで妻は専業主婦というモデルは、二十世紀半ば以降のきわめて近代的な男女役割像なのだ。

家族の機能

生産という機能を切り離した二十世紀的な夫婦家族は、以下に挙げるような機能を果たすものとなった。

1　性的機能――婚姻内の性交渉を許容し婚姻外の性交渉を禁止する。
2　子どもを生む権利と責任を実践する機能――社会人口を補充し新しい世代を再生産する。
3　子どもの社会化機能――生まれた子どもを社会に適応し生きていけるようにする。
4　経済的機能――共同生活をする家族が衣食住にわたって消費の単位として家計をともにする。
5　プライベートな安らぎと憩いを与える機能――外部の世界から隔離し私的な共住空間としてのくつろぎの場を与える。
6　福祉機能――病人や老人など働けない家族成員を扶養・援助する。

さて問題は、現在の夫婦家族がこのような機能を果たせないことである。もちろん、ここに挙げられた機能は理念的なもので、かつても十全に果たされていたわけではない。かつての日本社会では、未婚の男女の夜這いなど、反対の習俗が定着していたこともあるほどだ。しかし、それでも建前上は、「純潔教育」などと称して性交渉を婚姻のなかに閉じ込めようとする考え方が支配的だった。少なくとも建前としては禁止されていた夫婦以外の性交渉は、いまや未婚の男女のなかにあふれ出している。既婚者においても不倫という形で禁止されているはずの性交渉も珍しくなくなっている。「バツイチ」という言葉すら、かつてのようにマイナスイメージを負わなくなった。

子どもを産むのも、体外受精など多くの人工的技術が介在するようになってきた。卵子提供や「借り腹」まで技術的には可能になった。また、少子化現象のなか、子どもがいない夫婦家族も珍しくはなくなってしまった。しかも比較的裕福な家族を中心に。

子どもの社会化機能も、学校その他の機関に任されているのが現実だ。もともと日本という社会は子どもに甘く、幕末期から明治期にかけてやってきたヨーロッパ人や北米人が褒めちぎるほどであった。何か少年少女の事件が起きると、家庭内のしつけがどうのと強引な原因探しをする傾向が最近では強いが、「しつけがなっていない」家庭は第二次世界大戦後の混乱期や高度成長期にも充分すぎるほどあった。少年事件が「事件化」され「問題視」される社会状況をわれわれはもっと冷静に分析する必要がある。「事件化」しようとする、われわれの視線が、問題を構成しているのではないだろうかと。

経済的機能も、家計という意味では壊れてはいないが、すでに専業主婦は少数派となり、男女均等とはいかないまでも、何らかの形で女性も職業を持つようになっている。ともに食事をしたりする機会のない家族も増えている。そして、家庭は「憩いの場」「安らぎの場」ではなく、特に父親の中には、居場所のないところになってしまっている人も多い。

福祉機能も、親族の支えを期待できなくなった現状では、家族だけで支えることができず、介護保険に代表されるように「社会化」されつつあるのが現状だ。

このように見ていくと、生産をも含めて、かつては家族のなかで行なわれてきたことが、社会化され、家族はその機能を縮小してきていると言える。

家族機能の「社会化」をどう見るか

家族機能の「社会化」は、家族内には法律が入ってこないという大原則を踏み越えることを意味する。言い換えれば、家族もプライベートの牙城ではなくなってしまうのである。現実には、社会的介入がないとやっていけない家族もあるのが現状だ。いくらプライバシーを尊重するといっても、児童虐待まで認めるわけにはいかない。その原因を取り除くのが最終的な解決だということにはなるが、すべての家族ですぐに問題を解決することはできない。何らかの社会システムが介入することで解決を図らざるをえないというのが現状なのだ。根本的問題は残るかもしれないが、現状においては、「社会化」せざるをえないのである。家族機能の縮小を追認し、足りなくなった部分を「社会化」することに、もろ手を挙げて賛成を言うことはできないかもしれない。しかし、否応なく、「社会化」は進んでいく。そのような状況において、われわれに課せられているのは、どういう「社会化」が進めていくべきものであり、どういう「社会化」が是認できないかを、個別の実情に沿いながら、判断し、識別していくかということなのであろう。

3　性別役割分業と家族の未来

男女雇用機会均等法と就職の現状・家族の実情

男女雇用機会均等法（一九八五年）以来、男女共同参画型社会がうたわれるようになり、固定化した性別役割分業へ戻ることは、もはや不適切だし不可能である。上流であれ下流であれ、女性の社会参加はもうすでに社会のなかに組み込まれており、女性の労働力なしには、もう今の社会は存立しえないところまで来てしまった。たしかに女子大学生の就職が難しい時期もあったが、その時期は同時に男子大学生も就職が難しかった。家父長制の時代に戻ることはできないのだ。

それと同時に、血縁関係で家族を縛ることはもうできない。いままで見てきたように、家族の機能は、生産はもちろんのこと、消費の領域においても、多くが社会化され、高齢者福祉のようにそれが市場を活性化させるところまで来ている領域もある。

性別役割分業についても、まだまだ一直線に解消していくとは言えないだろうが、二十－三十年前と比べれば、大いに変わってきている。かつては「男子厨房に入らず」などと大まじめにいわれていたのが、現在では「男性が料理をして何が悪いの？　何が不思議なの？」と考える人の方が多くなってきている。

カップルの在り方と変容

経済的縛りが家族の変容に待ったをかけることはできない。離婚率も妻側の年収が三百万円を超えると急に増加しているのが現状なのだ。「イエ」は因習的束縛としてむしろ否定されるようになった。イエの一体感のシンボルとされる「名字」についても、夫婦別姓がそう遠くない未来に実現されるかもしれない（そもそも、夫婦同姓や戸籍の制度が、国際的に見れば多数派とは言えない）。筆者は、結婚に際して、戸籍上は妻の姓を選んだ。まだまだマイノリティではあるが、民法上は男女どちらの姓を選んでもよいことになっている。民法上はもともと男女平等なのだ。婚姻届を出さずに事実婚をするカップルもいる。また全く結婚しないという選択をする人もいる。

ゲイやレズビアンのカップルも、日本ではまだカムアウト（公言）する人は少ないが、欧米社会では急速に増加し、ゲイやレズビアンの夫婦が公認されている社会も増えてきている。日本でも、そう遠くない日に公認されるかもしれない。要はどんな人生を誰と共に歩みたいのかを、各人の趣向と人生観を踏まえて実現すればよい、そういうことではないだろうか。筆者の私見では、家族という営みは、共感と愛情にかかっている。

子育てと仕事

このように考えていくと、未来の家族の形を一様に規定することは難しいと言える。少子化の問題をどうするのだという声が聞こえてきそうだが、それは別次元の問題である。教育費にお金がかかりすぎたり、狭い居住空間に高い家賃がかかったりするので、多人数の子どもを持つことを親たちが望まないことも原因であるこの問題局面こそ、家族機能をいい意味で社会化することで、打破すべきではないか。家族機能の社会化がうまくいっていないということが、事態の本質だろう。充分な児童手当、住居手当、そして、充分な産休や育休（世話する相手が高齢者なら、介護のための休暇ということになるが）が保障されれば、合計特殊出生率も人口減が起きないとされる二・一くらいまで高まるかもしれない。労働力という観点のみから考えるならば、現在の労働力鎖国をやめて、海外からの若い労働者を求めるという手もある。ただし、ここで外国人差別を起こしてはならない。同じ労働をしても外国人労働者の方が低賃金だったり、就業できる仕事が3K（キツイ、キタナイ、キケン）に限定されることがあってはならない。異文化理解を深め、他民族が共存・共生できる社会でなければならない。

こうならなければならないという家族のモデルなど、決まっているわけではない。当人同士が、互いに相手の在り方を尊重し、「愛情」を持って家族を営んでいれば、それでよいのだろう。時代にふさわしい多様な人生観、家族観が認められ、生かされるということを願うが、そのためにも家族を取り巻く地域社会そのものの未来像をしっかり描いていく必要がある。以下、まとめとして、「家族の未来」のための「社会の未来」を少し論じておこう。

家族の未来像、社会の未来像

いままで見てきたように、多様な家族像が排除されることなく認められ、子産み・子育てが、社会的な支えによってもっと自由に安心してできる社会が必要となってくる。子を作らない自由をも含めて誰もが安心して生きられるということが大切だ。

また男と女の関係も、旧来型の固定された性別役割分業でなく、それぞれの個性や特性が存分に発揮できるものでなければならない。要は福祉社会型の未来像を模索するということになるが、そのためにも現実問題として、一度、社会民主主義の可能性と限界をいま一度問うことは、むだではないだろう。

これからは、ジェンダーバイアスを限りなく小さくし、雇用（労働）環境も、男だから、女だからといったものでなくしていく必要がある。子育てや家事に関しても、女親だけでなく男親も、ともに引き受けていくシステムが必要となってくるだろう。

子を持たない人、持てない人、また一人でいる人も、あてのない自分探しではなく、しっかりとした自己実現を可能とする社会である必要がある。そして、子どものいる、いないにかかわらず、次世代育成に貢献できる参画型社会を築いていくことが、来るべき社会像として求められものとなるだろう。

〔参考文献〕

井上俊ほか編『〈家族〉の社会学』〈岩波講座現代社会学19〉（岩波書店、一九九六年）
江原由美子ほか『ジェンダーの社会学――女たち/男たちの世界』（新曜社、一九八九年）
鎌田とし子ほか編『ジェンダー』〈講座社会学14〉（東京大学出版会、一九九九年）
関口裕子ほか『家族と結婚の歴史』（森話社、一九九八年）
望月嵩・目黒依子・石原邦雄編『現代家族』〈リーディングス日本の社会学4〉（東京大学出版会、一九八七年）
森岡清美・望月崇『新しい家族社会学』（培風館、一九九七年）

第Ⅳ部

障害のある人と地域・社会

第7章　障害のある人にとって自立とは何か

近代社会における個人と社会の関係性は、「障害」という問題において最も顕在化するといっても過言ではない。筆者は、個人の確立は「自己実現」にあり、社会の確立は「他者実現」にあると考える。この「自己実現」と「他者実現」が出会う最前線こそが「障害」的世界であろう。この「障害」をめぐる世界は決して他人事ではなく、われわれ現代人の課題でもあると考える。

また、「障害」に対する人間の構えは、おそらく〈個人還元〉か〈社会還元〉かのどちらかであろう。できることであればこの回廊を巡り、最終的には人間の良心（Conscience）にたどり着ければよいと願っている。

なお、本章と次章では「障害者」という用語は使わずに「障害のある人」とした。筆者は、「障害」「者」という表現は個人的な問題と社会的な問題が混在しており、一人一人の固有な人格を無視した表現であると考えるからである。ただし、障害者基本法をはじめとして法律用語や専門用語で使用されている場合は、「障害者」を使うことにした。

何よりも読者には、自分自身や自分の身近な「障害のある人」に思いを寄せて本書を読んでほしい。そのために、本章と次章にリアリティーのある八つのエピソードを挿入した。

1　障害とは何か

〈見える障害〉と〈見えない障害〉

本章では、障害のある人にとって自立とは何かを考え、最終的には障害のない人の自立とのかかわりを明らかにしたい。そのためにはまず「障害」とは何かを明らかにする必要がある。「障害」と一口に言っても、一般的には〈見える障害〉と〈見えない障害〉がある。

〈見える障害〉とは、文字通り目に見える車椅子や白杖や補聴器を使っている「障害」のことである。広辞苑の「しょうがい（障害・障碍）」の項には「身体器官に何らかのさわりがあって機能を果たさないこと」と書かれている。つまり、この「障害」とは、「身体障害」、「視覚障害」、「聴覚障害」など街で見かける人たちのことである。子どもが不思議そうに「どうしてあんな歩き方しているの？」と指さす〈見える障害〉のことである。あるいは、親が当たり前のように願う「五体満足な」赤ちゃんではなく、「五体不満足な」赤ちゃんのことである。

〈エピソード1〉

脳性マヒの一条さん（仮名）は五十歳で、公営住宅の一階で一人住まいをしている。両手も不自由で電動車椅子が操作できないため、両腕の力を使って反動付き車椅子で毎日四十分ほどかけて地域の作業所に通っている。

いつも小学校沿いの道を通っているのだが、ある日、フェンス越しに小学生から「ゴジラが来た！」とはやされひどく落ち込んだことがある。その日やっと作業所につくなり、その怒りを指導員にぶつけたそうだ。最初、かれの訴えは構音障害のためよく聞き取れなかったが、子どもたちが、両腕を左右に伸ばしてバランスをとりながら車椅子を必死でこぐ姿を見てゴジラを連想し、はやし立てたことが分かった。後日、かれの怒りと悔しい思いを指導員が代筆し、小学生宛の手紙として全家庭に配布してもらった。それから、作業所と小学校との交流が始まり、そのようなことはなくなった。

一方、〈見えない障害〉とは、「知的障害」、「発達障害」、「精神障害」等のことである。これらの「障害」は、目には見えない脳の働きに関する「障害」のことである。一般的には、知能、感情、対人関係、コミュニケーション等に関する「機能障害」であるため一見しただけでは分からない。自閉症などの〈見えない障害〉と出会った人は、まず接し方が分からず身構えてしまう。身体障害の介助はすぐに慣れるが、〈見えない障害〉を理解することは大変困難なことである。たしかに近年、ノーマライゼーションの理念が浸透し、〈見える障害〉に対してあからさまな差別や排除はなくなってきたが、〈見えない障害〉である精神障害や知的障害に対する偏見や排除の論理はむしろ激しくなっているような気がする。それほどに一般の人たちの「心のバリア」はまだまだ根強く、〈見えない障害〉とできるだけかかわりを持たないようにしているとしか思えない。国民の目がもっと〈見えない障害〉にも向けられるには、現在ほとんど知られていない「障害者の日（十二月九日）」を国民の祝日にすることが一番近道ではないかと思っている。

〈エピソード2〉

二条さん（仮名）は、いわゆる広汎性発達障害があり知的水準の高い自閉症タイプの人である。かれはその場の状況や他者の意図が理解できないため融通が利かず、ステレオタイプな行動で誤解されることも多い。その反面、記憶力はよく几帳面な性格で整理や分類は得意である。かれは、もうすぐ三十歳になるが、仕事につけないままの状態である。また、アスペルガー症候群が本やマスコミで興味本位に取り上げられたこともあり、本人も家族も自分がアスペルガーではないかと思い始めている。

現在、二条さんは書店や図書館での整理の仕事を探しているが、ハローワーク（職安）での求人票はそのほとんどが身体障害の人たちを対象としている。学校卒業後の一般社会では〈見えない障害〉を支援するシステムはほとんどないため、今後も誰にも「障害」を気づかれないままに孤立した生活が過ぎていくものと思われる。かれの意図を代弁する通訳者（ジョブコーチ）が車椅子の代わりに派遣されればかれの就労は可能なはずなのだが。

遺伝子介入で排除される「障害者の卵」

遺伝子操作は「障害者」の存在にとってまさに今日的課題となっている。科学技術の発達が「障害はない方がいい」という「障害者」排除の優生思想を技術的に可能にしつつある。現代医療は、これまで決して医師が踏み込まなかった「命の価値」に手をかけ始めている。これは決して遠い国の話や夢物語ではなく、臓器移植医療や羊水チェックによる選択的中絶などわれわれの身近な医療現場で現実のものとなりつつあるのだ。日々、われわれは「命の価値」判断を迫られている。あるダウン症児親の会が実施したアンケート調査（一九九六年）では、「ダウン症児の次の子で出生前診断を受けた割合は七一％」という調査結果がある。ただし、親の会はこの調査の目的を、ダウン症のわが子を否定し、出生前診断を肯定するために行なったものでは決してないと何度も説明している。最近では非常に悲しいことだが、医師に出生前診断を断られた夫婦が、その後、ダウン症児が生まれたのは医師が出生前診断を行なわなかったためと裁判所に提訴している事例がある。

米国では、二〇〇〇年に「遺伝学と正義」という副題を持つ「偶然から選択へ（From Chance to

Choice)」という本が出版された。その著者たちは、遺伝子診断によって「障害」を取り除き「障害者」を生まないことは正当性であるとしたうえで、「障害（属性）」は否定するが、障害者（存在）は否定しない」と人権団体に釈明している。「障害」は病気と同じで治療の対象であり、遺伝子操作による遺伝子疾患の「排除、消去」は、障害の防止になるというわけである。しかし、これらの主張は、現実の「障害者」の存在を肯定したり支援したりするものではなく、むしろ優生思想をバックにした科学的な「障害者」排除論を強化するものである。

〈エピソード3〉

知的障害のある乳幼児が通う療育教室では、多くの場合、母親相談やグループカウンセリングを行なっている。ある日のグループカウンセリングで次の子の出産が話題になった。妊娠時の羊水チェックの話になり、ダウン症の女の子を持つ三条さん（仮名）が重い口を開いてこう言った。「私も二人目を生みたいだけど……」とその後口ごもった。カウンセラーが「何か問題があるのですか」と聞くと、「上の子があぁ（ダウン症）でしょ」と言いにくそうに、かつカウンセラーの無神経な質問をとがめるような口調で言った。カウンセラーは出生前診断の是非を話題にしようか迷ったが、次回のカウンセリングで、ダウン症親の会からピアカウンセラーの立場で親に参加してもらい、出生前診断の体験を話してもらうことにした。

「障害」＝不自由さの定義

「障害」を定義する場合、記述診断的な形式と政策提言的な形式のどちらに重点を置くかでずいぶん違う。ここでは、まず政策提言的な定義の変遷を見ながら、「障害」とは何かを考えてみる。

一九七〇年代から、世界的規模で慢性疾患の増加や戦争「障害者」の増加により、「障害」を「疾患が生活・人生に及ぼす影響」として捉える意識が高まってきた。一九八〇年には世界保健機関WHOが、「機能障害（Impairment）・能力障害（Disability）・社会的不利（Handicap）の国際分類」を作成し、「障害」概念を明らかにしようとした。これは日本では「国際障害分類ICIDH」として翻訳されたが、ごく一部の専門家にしか知られていなかった。一九八一年の国際障害者年には、「完全参加と平等」がスローガンとなり、「障害は個人の問題ではなく、社会関係の問題である」と明言された。その後、グローバライゼーションが進むなかで、「障害」定義は地域社会、文化によって異なり、障害のある人と専門家との間で認識のずれも表面化してきた。この多様な「障害」概念を是正するために「障害」に関する新たな「共通言語」が必要となってきた。

そこで、WHOは二〇〇一年に「国際障害分類ICIDH」の改訂版を採択した。この改訂版の正式名称は、「生活機能（Functioning）・障害（Disability）・健康（Health）の国際分類」である。日本では、「国際生活機能分類ICF」と呼ぶことになった。この改訂作業に直接関わった上田敏や日本に紹介した佐藤久夫は、「ICFの最大の意義は、障害を人間と環境との相互作用の下で理解することした点である」と言っている。今回の改訂で、「Disability」は「個人と環境との相互作用のうちの否定的な側面を表す包括用語」として採用された。その結果、これまでの「Disability（能力障害）」は、「Activity limitations（活動制限）」となり、「Handicap（社会的不利）」は、「Participation restrictions（参加制約）」となった。

「障害」の定義は、「障害」を個人の問題とするならば、その個人的状況を診断・アセスメントする記述的方法（医学モデルによる）に重心が置かれる。一方、「障害」を社会によって作られた問題とするならば、社会的環境の変更を求める政策的提言（社会モデルによる）に重心が置かれる。今回のＩＣＦの定義では、障害（Disability）とは、「個人の「能力障害」や「社会的不利」ではなく、社会・環境との相互作用の中で生じる個人の活動・参加の不自由さである」ということになった。つまり、「障害」とは、専門職によって「治される」個人的課題であると同時に、環境変更を必要とする政治的課題でもある。したがって「障害」は個人の課題であるが、その解決は社会の責任ということになる。

2　障害のある人の自立と依存

そもそも自立とは何か

自立とは何かは、ここで自立論を全面展開する紙幅がないが、自立は障害のある人にも避けては通れない課題（task）である。ところで自立という概念は、個の確立を重視してきた西洋の歴史においてもそんなに古くからある概念とは思えない。英語においても「自立 Independence」は、「非依存 in-dependence」＝「依存 Dependence をしない」を意味する単語である。「自立」という言葉は、あくまでも依存の否定型にすぎない。「自立」とはこうだという姿や形があるわけではなく、「～からの独立」を意味しているにすぎない。では、「自立」思想はどこから来たのであろうか。おそらく母なる国英国からアメリカが独立するときに必要とされたのではなかろうか。「依存 dependence」とは「援助」を受けることであり同時に「支配」されることである。おそらく、アメリカは母国の「支配つき援助」から独立するためには、自立思想（非依存 in-dependence）を強調する必要があったのだろう。

ここで、一般論として自立の構成要件を見ておきたい。その三要件は①身辺自立、②社会・経済的自立、③精神的自立と言われているが、これらの要件は産業革命以後誕生した市民社会における市民の資格に必要な自立志向にほかならない。

たしかに日本においても自立の辞書的意味は、「他の援助や支配を受けずに自分の力で身を立てること」となっている。しかし、人は「他者からの援助や支配を受けない」で自分の力だけで生きているのであろうか。とりわけ社会に依存して生きている障害のある人たちにとって単純な「自立」思想は自己否定につながりかねない。国から支配されないことだけを強調する「自立」思想は危険である。筆者は、障害のある人たちにとっての「自立」とは、地域社会の人たちが「支配されない特別な援助」を寛容な精神で受け入れるかどうかだと思っている。

障害のある人の自己決定と自己実現

自己決定とは、自らの判断と責任で自分の行動を決定することであるが、障害のある人の行動決定は、多くの場合、他者決定に委ねられている。とりわけ、意思表示が困難とされる知的障害のある人には自己決定権そのものが保障されていない。しかし、彼／彼女らの自己決定は、どれほど稚拙なものであれ、いくら時間がかかるものであれ、確実に意思表示（意思決定）を行なっていると言える。意思決定を尊重するプロセスがあって初めて自己決定が生まれるはずである。

また、自己実現とは、受動的、依存的人間から能動的、主体的人間になることを意味している。ただし、自己実現とは、自らの能力をより高めることではなく、自らのあるがままの能力を一〇〇パーセント発揮することにほかならない。障害のある人の自己実現は不可能だと最初からあきらめてはいけないが、過剰な能力開発や治療行為によって自己実現を失敗しているケースが多いことも知ってほしい。

二〇〇五年十月三十一日障害者自立支援法が特別国会で可決成立したが、この法律の制定は障害のある人の自己決定、自己実現にとって歴史的意味を持つことになるであろう。この法律が可決される日まで多くの重度障害のある人たちが国会前に泊まり込んで抗議を行なった。抗議は、利用者本位や自己決定の尊重は建前だけで、国は「応益負担」の導入によって障害のある人に自己責任を迫り、公的責任を放棄していると批判するものであった。新法の目的には、「自立した日常生活又は社会生活を営むことができるよう」とあり、障害のある人にまさに「自立」を強いるものであった。

　筆者は、障害がどんなに重くても自己決定も自己実現も可能だと考えている。そしてそれを可能にするものとして、自己（利用者）と他者（支援者）が相互に依存し合う最近接領域に注目したい。

自立の最近接領域としての相互依存

自立と依存は相補的関係にあり、コインの裏表のようにどちらか一方だけでは価値を持たない。自立（Independence）は、あくまでも特定の依存（Dependence）からの自立であって、その依存母体を無視して一方的な自立はありえない。自立と依存が最も互いを尊重して接近した状態が相互依存（Interdependence）領域である。

　鳥の卵が孵化するとき、親鳥が殻を外側からつつき、それと同時に雛鳥が内側から殻をつついて破るそうだ。この息を合わせるタイミングのことを中国では、「啐啄《そったく》」と言うそうである。このタイミングがずれるとひな鳥は生まれないのである。

　二〇〇〇年に知的障害者福祉法が改正され、「知的障害者」にとって初めて「自立と社会経済活動への参加」が目標とされた。それまでは「知的障害者」は自立することも労働することも必要なく、子どもと同様に保護の対象でしかなかった。つまり、「知的障害者」は、長い間半人前扱いにされてきたのである。現在の「知的障害者」に対する就労支援は、これまで卵のなかで保護されてきたひな鳥（知的障害者）が、急に親鳥（国）に自立を迫られ、戸惑っている状況と言えるのではないか。

3　障害のある人の学びと労働

障害のある人が学ぶということ

日本国憲法の教育に関する条項では、「等しく教育を受ける権利がある」という点に力点が置かれているが、教育基本法では「その能力に応ずる教育を受ける機会」に力点が置かれている。この能力観が、障害のある子どもと障害のない子どもを選別分離し、別学体制を支える法的根拠となっていると言っても過言ではない。

しかし、関西の自治体のなかにはこのような別学体制ではなく統合教育（インクルーシブ教育）に長年取り組んできたところもある。また、東京と大阪の「教育を考える会（がっこの会）」は、一九七〇年代から「共に学び共に生きる」教育をめざして活動していた。にもかかわらず、「その子に応じた教育を受けないとお客様になる」とか、「分からない授業を受けさせるのはかわいそう」といった親の思い込みが分離教育を下支えしてきたと思われる。筆者は、ともに学ぶことで不適応を起こすとすれば、それは障害のある子の問題ではなく普通学級の問題であると考えている。

〈エピソード4〉

知的障害のある四条君（仮名）は、小中学校はずっと普通学級で同世代の友達と学び、高校は

「0点でも高校へ」の取り組みのなかで定時制高校に進んだ経歴を持っている。現在は三十歳であり作業所で働いている。かれは五歳のとき、友達と遊びたい一心でコマなし自転車の練習をしたり、小学校では友達の名前を覚えたくてひらがなを読んだり書いたりし、自発的に生きた文字を学ぶことができたそうだ。もし、特別な教室で特別な先生に一対一で教え込まれていたら、「いまを生きる力」を奪われていたのではないかと、母親は述懐している。

障害のある人が働くということ

社会福祉の分野では、障害のある人が働く場を「授産施設」と呼び慣わしてきた。この授産施設は、「就労または技能の修得のために必要な機会や便宜を与えて、その自立を助長すること」を目的に保護的職場として公費で設置運営されてきた。この授産施設の始まりは、明治初期にさかのぼり、産業革命をもたらした鉄道建設での事故で身体障害となった多くの労働者を救済するためであった。しかし、二〇〇六年四月から施行された「障害者自立支援法」によってこの「授産」という用語と概念はなくなり、福祉的視点よりも訓練的要素と経済活動に重点を置いた支援に再編された。

障害のある人の労働の意味づけについては当事者運動のなかにおいても異なり、次の三つの立場がある。

① 重度障害者にとって生きることそのものが労働であり、障害者自身がその立場に立つべきだ。（脳性マヒ者集団青い芝の会）

② 一般就労にこだわらず、もう一つの労働の場として障害者小規模作業所などの「福祉的就労の場」を創設すべきだ。（共同作業所連絡会）

③ 障害者が労働現場に入り込み、現在の労働内容や労働価値観の変革を目指すべきだ（全国障害者解放運動連絡協議会）

障害のある人が働く場合、なくてならない社会システムは「能力に応じて働き、必要に応じて配分される」というシステムではないかと筆者は考える。ただし、このシステムは障害のある人の「障害者性」と「労働者性」を均等に配慮するという社会的な合意と承認を必要としていることも確かである。

〔参考文献〕

H・J・アイゼンク／L・ケイミン、斎藤和明ほか訳『知能は測れるのか――IQ討論』（筑摩書房、一九八五年）
大野智也『障害者は、いま』〈岩波新書〉（岩波書店、一九八八年）
乙武洋匡『五体不満足』（講談社、一九九八年）

川端利彦『ひとりひとりの子ども――精神科医のみた子どもの世界』（編集工房ノア、二〇〇一年）
小松美彦『自己決定権は幻想である』〈新書y〉（洋泉社、二〇〇四年）
障害学会編『障害学研究1』（明石書店、二〇〇五年）
生命操作を考える市民の会編『生と死の先端医療――いのちが破壊される時代』（解放出版社、一九九八年）
徳永哲也『はじめて学ぶ生命・環境倫理――「生命圏の倫理学」を求めて』（ナカニシヤ出版、二〇〇三年）
藤田修編『普通学級での障害児教育』（明石書店、一九九八年）
山口研一郎『脳受難の時代』（お茶の水書房、二〇〇四年）

第8章　障害のある人にとって地域社会とは何か

ノーマライゼーションの理念は、「障害のある人が普通に生活している社会こそが当たり前の社会である」という考え方に基づいている。しかし、障害のある人に対する地域社会の偏見や差別はまだ根強いものがある。いまでこそ「脱施設化」、「施設から地域へ」、「共に生き共に暮らす」等は国の方針になっているが、一九八一年の国際障害者年以前は、「障害」福祉は国の責任であり、地域社会の人たちにとって「障害」はほとんど縁がないものであった。

二十一世紀は、地球規模の価値基準（グローバルスタンダード）がますます進む時代状況である。いまこそ、障害のある人にとって身近な地域社会とはどのような意味を持っているのか、当たり前の自立生活とは何か、改めて問い直すべきときではなかろうか。

1　「障害者」施設という生活世界

「障害者」施設の成り立ち

日本において「障害者」施設はいつ頃からあったのであろうか。一八九一年（明治二十四年）に精神薄弱児施設「滝乃川学園」が開設されたのが最初だと言われている。いまから実に百十四年も前のことである。そのきっかけは大地震による孤児の救済であったが、後に「孤児教育」と「精神薄弱児教育」とが並行して行なわれることになった。しかし、多くの施設は「生活困窮者」を対象とした救貧対策であり、社会防衛のための隔離施設であった。かれらは、保護の対象であり、同時に社会から遠ざけられる存在でもあったわけである。

戦後の障害者福祉は、一九四九年（昭和二十四年）、身体障害者福祉法が制定されたことに始まる。戦争で傷ついた傷痍軍人（多くは身体障害者）を救済することは国家の責任であった。その後十年ほど経って、一九六〇年（昭和三十五年）、十八歳以上で「知能指数ＩＱおおむね七五以下」である「精神薄弱者」を対象とした精神薄弱者福祉法が制定された。その後、「精神薄弱者」の呼称は差別を助長するとの観点から「知的障害者」に変更され、二〇〇〇年に知的障害者福祉法が成立した経過がある。「知的障害者」は、「身体障害者」と異なり、自らの権利を主張できない社会的弱者として特別な配慮が必要とされた。また、施設が足りないという親の会の要望もあり、「知的障害者」を保護し訓練することを目的に収容施設の建設が進められた。しかし、この施設収容は、「知的障害者」や「精神障害者」の生活を豊かにするものではなかった。むしろ、地域社会を守るために社会防衛的役割を果たしてきたと言っても過言ではない。

一方、障害のある人自身も長期間にわたる保護によって依存的になり、自主性や自律性を奪われてきた。この問題は、児童施設における「施設症（ホスピタリズム）」として欧米では早くから指摘されてきた。また、「障害」の重度化が進むなかで、一九六一年（昭和三十六年）、重度の知的障害と重度の肢体不自由を併せ持つ重症心身障害児施設島田療育園が開設されたが、これによって施設機能はさらに複雑なものとなっていった。

施設生活の光と影

一九六〇年代、アメリカにおいて「脱施設化」の理念と運動が生まれた。これは、巨大施設が生み出す管理的・隔離的な運営を反省して、施設生活をより一般的な生活に近いものにする取り組みである。したがって、「脱施設化」は決して施設否定でも施設解体でもなく、施設改良計画にすぎない。アメリカの巨大な州立精神病院や知的障害者施設で始まったこの「脱施設化」は、①地域社会でのケア供給システムの構築、②より制約の少ない生活とサービスの提供、③依存性からの回復が主要な目標であった。一九七一年には知的障害者自身による自治会活動も始まっているが、どちらにしても「脱施設化」運動は施設内改善の域を出ないものであった。

施設生活の長所には、①専門的支援が可能、②集団の力を利用できる、③合理的・効率的支援が可能、などが挙げられる。しかし、これらはすべて支援する側の都合にほかならない。一方、施設生活の短所は、①個別的支援が困難、②自由がないなどが挙げられる。これらは支援される側にとっては重大な欠陥がある生活と言わざるをえない。

ある大規模居住施設で「日常生活で困る行動」を調査したところ、奇声八人、多動六人、固執性四人、興奮性三人、自傷行動二人、幻聴一人との結果が出た。筆者はこの結果からその施設の入所者がどのような問題（症状）で困っているのか調査できたとは思えない。なぜなら、回答の多かった奇声や多動は入所者本人が困っているのではなく、支援する側が困っているにすぎない。本人自身が最も困っている自傷行動や幻聴の数はもっと多いはずである。このように施設は支援される側の立場ではなく、支援する側の論理で運営されている。

人間を収容する施設はどのような施設であれ、「脱施設化」の繰り返しによる「新たな施設化」という自己矛盾を背負っている。また、権力者が社会的弱者を保護することをパターナリズム（光）と言うが、このパターナリズムによって障害のある人たちがますます依存的になりホスピタリズム（影）に陥るという矛盾を抱えている。このように施設生活には常に光と影がつきまとっている。

〈エピソード1〉

知的障害者施設に長期入所している五条さん（仮名）は、自由のない集団生活がいやになり施設を何度も飛び出し、その都度遠く離れた警察署で保護されている。かれは幼いときから共同生活で育ってきたため社会的な善悪の学習ができておらず、人のモノを盗ったりすることも単にモノの貸し借りや共同使用だと思っている。無断外出が放浪癖となり、賽銭泥棒をしながら神社や公園で野宿生活をすることもあった。当然、社会参加する術も身につかないまま施設に連れ戻され、現在、厳重な管理下に置かれている。

かれの両親はすでになくなり、長い施設生活で帰る家もなくなっている。かれには毎月障害年金一級約八万円が国から支給されているが、施設が勝手に引き出せず本人の預金通帳に手つかずに何百万円も貯まっている。先日も同室の入所者が亡くなったとき、いままでに一度も訪ねてきたこともない親類という人が来て、その入所者の貯金通帳を持って帰ったそうである。「次に施設外に出るときは、骨壺に入って出るときでしょうね」と担当職員はうつむきながら小さな声でぽつりと言った。

2　障害のある人の地域生活

暮らしのなかの「障害」

江戸時代の川柳に「弁天を除けば片輪ばかりなり」というのがあるそうだ。もちろん、現代では

「かたわ」は差別用語であるが、この川柳を紹介した花田春兆は、江戸時代に障害のある人が差別されていたと言っているわけではない。むしろ逆で、町人文化で親しまれた七福神は、なんらかの「障害」を持っている神様ばかりだというのである。昔は、それほど障害のある人が地域社会で受け入れられ、信仰の対象ですらあったというのである。「めくら、つんぼ、かたわ、びっこ」等々、いまは差別用語とされているが、花田はそう呼び慣わされてきた障害のある人たちが実は文化を創造してきたのだとも言っている。

昔もいまも、地域社会のなかにはさまざまな人たちが行き来し暮らしている。ただ、昔は障害のある人がそれなりにピタッとはまった「適切な生活の場（ニッチ）」がどこかにあったような気がする。近年、暮らしが便利になり、〈ゆとり〉も生まれてきたが、その〈ゆとり〉にも個性がないような気がする。むしろ、昔の暮らしは不便であったが、そのなかでそれぞれの人が生み出した〈ゆとり〉には個性があったように思う。いまの暮らしには、誰もが自分の「居場所」を見失い、障害のある人にかぎらず暮らしにくくなっている。障害のある人とない人を分けて暮らすことによって、地域生活の能率や効率がよくなるかもしれないが、一方で個性豊かな〈ゆとり〉がますますなくなっていくように思えてならない。

暮らしのなかに「障害」のある風景は、決して不便で弱い社会ではなくてむしろ強くて住みやすい社会であると思うのだが。

〈エピソード2〉

六条君（仮名）は、まさに「街を駆ける青年」である。知的水準はかなり低く、また、重い行動障害も併せ持っている。

かれは、家からかなり離れた通所授産施設に通っているが、毎朝、交通量の多い国道沿いの歩道を飛び跳ねるように駆けていく姿が人目を引いていた。信号は無視して人の動きや車の合間を縫って横断するのでときおり小さな渋滞を引き起こしている。かれには異食癖があり、その日も跳ねるように歩いているかと思うと、手に触れた生け垣の葉っぱをさっとちぎって食べたことがある。車の窓越しにその光景を見ていた若い人があまりに思いがけない光景だったのか、目を丸くして運転席の友人と顔を見合わせ人を馬鹿にしたように笑っていた。

六条君がもし街ではなく施設で暮らしていたら、おそらくかれ自身危険な目にあうことなく、若者の好奇な目にさらされることもなかったであろう。しかし、六条君と出会った若者たちがいつか親になるとき、街にはいろいろな人が暮らしている事実を子どもにきっと伝えていってくれるものと信じている。

家族そして自分からの自立

日本で障害のある人の自立生活が進まない最も大きな原因は、日本の結びつきの強い親子関係によるものかもしれない。現在、「施設から地域へ」の流れが生まれつつあるが、これは決して親からの自立を意味していない。伊達市におけるグループホーム建設運動は、あくまで「施設から地域へ」であり、職住分離に向けた取り組みの一つである。まさに「脱施設化」運動の典型であり、「施設」の機能の分散化である。したがって、現在のグループホーム立ち上げは〈家庭↓施設↓地域〉の流れのなかにある。

しかし、筆者は「施設から地域へ」ではなく、家族から自立するために直接「家庭から地域へ」の取り組みが必要と考える。ここで言う「自立」とは前章で述べたとおり「相互依存」の意味であり、重度の人たちも対象としている。すなわち、重度の人たちも自らの潜在能力を発揮し、家族から少しでも自由になる自力をつけるべきであろう。この〈家庭↓地域〉の流れはもちろんリスクを伴うが、ライフサイクルでは誰も同じ流れである。個人と社会の相互依存の確立は、今後、地域を中心に〈家庭↕地域↕施設〉の流れを可能にするものと思われる。この〈地域〉を中核にした社会参加の流れこそが障害のある人の社会的自立につながるものと考える。

〈エピソード3〉

周産期障害による脳性マヒの七条君（仮名）は、肢体不自由児養護学校入学までは同年齢の子どもと遊んだことはなかった。かれが四、五歳の頃、母親と一緒に出かけたときの出来事として、「同年齢の子どもが僕を見て、人間ではない変な生き物でも見るかのような視線を向けたことをいまでも鮮明に覚えている」と語っている。そのとき初めて、かれは自分が障害を持っていることを知ったそうだ。このとき、母親が何と言ったか覚えていないが、母親が言い返してくれたことはその後の自分の支えになったと述懐している。かれの人生は、自らの「障害」を初めて認知したときから、他者に依存しない自立の旅が始まっていたのであろう。かれが、あえて列車での一人旅にこだわっているのもその体験によるのかもしれない。

「生活の質」から「人生の質」へ

「生活」とはただ生きて存在することではなく、生き生きと活動していることである。生活の「活」の漢字は「氵」に「舌」で構成されており、その字源は唾を意味する。つまり、生活とは生唾をのみ込むような臨場感を持った世界のことである。そのような生活世界では必ず人間の欲求が生まれ、その欲求が生活に必要な最低量の確保を動機づける。戦後、国民は多くのものを失いマイナスの生活から始まった。多くの国民が最低の生活基盤である「衣食住」を求め、誰もが量的満足を求めて暮らしていた。しかし、多くの人が最低生活に必要な量を確保した現在、個人のニーズは量ではなく質の時代になった。「衣食住」は「移職住（自由な旅行、やりがいのある仕事、快適な住まい）」に変わり、「生活の質ＱＯＬ」の時代になったのだ。

さらに、「生活の質」から「人生の質（Quality of Lifelong）」を求める時代になろうとしている。そ

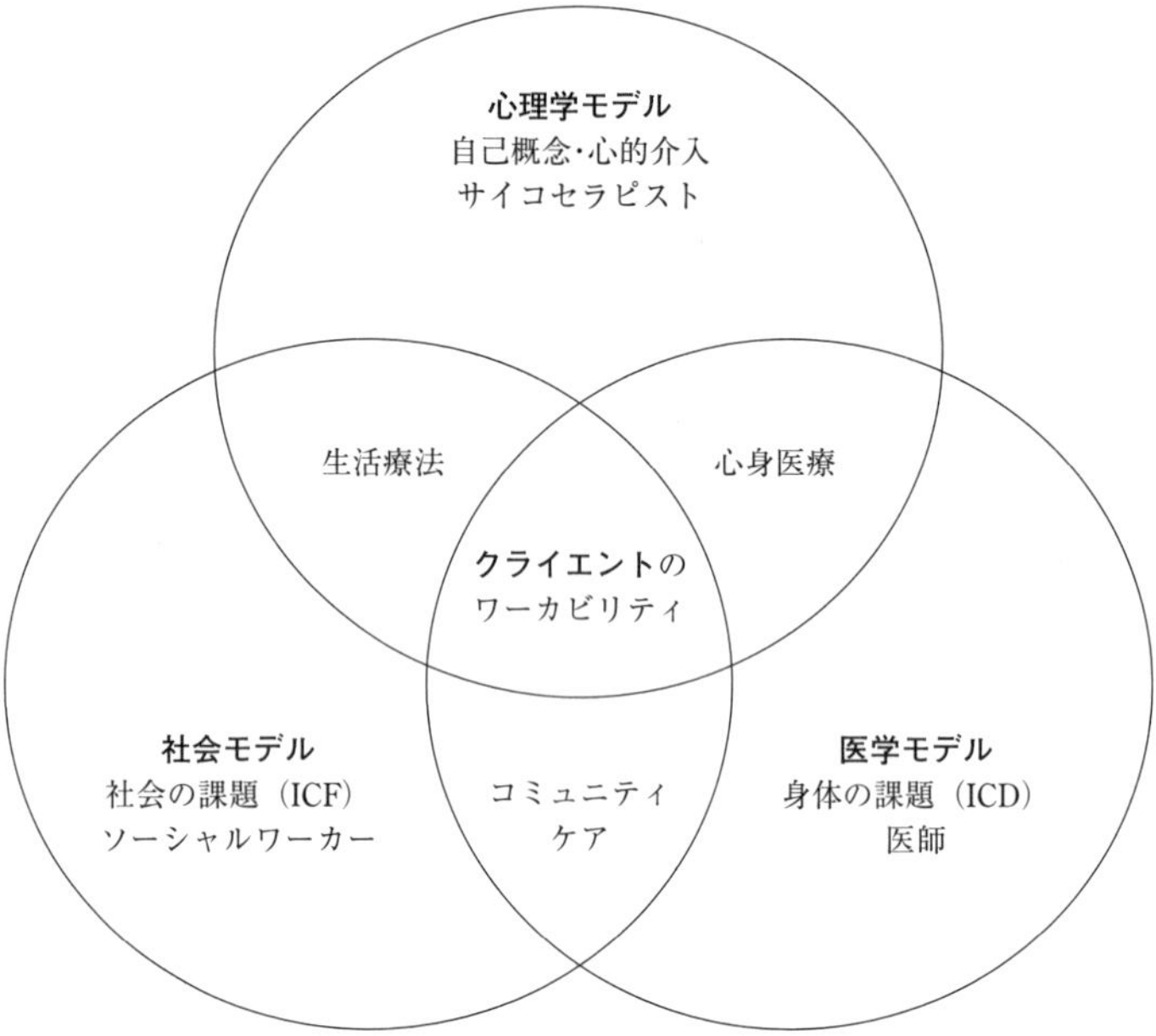

図8－1　心理生活モデルのイメージ図

の「人生の質」を高めるためにはますます専門性が必要となる。そこで、筆者は医学モデル（からだ）－心理学モデル（こころ）－社会モデル（関係性）を統合した心理・生活モデルを図式化してみた（**図8－1**）。なお、図中央の「ワーカビリティ」とは、「クライエントがケースワーク関係を通して提供される諸サービスを、自らの問題解決に向かって活用する情緒的、知的、具体的能力の総称」（現代社会福祉事典）である。

3　これからの地域・社会の在り方

親なきあと、問われる社会

障害のある人は、現代社会になって急に現われたわけではない。人間社会は文明以前から、障害のある人をその社会に抱えて生活していた。イラクのシャニダール洞窟で発掘された紀元前三万年頃のネアンデルタール人の人骨化石がある。一方の肩が萎縮し、片腕が肘のところで切断されている老人の骨である。この骨のことを知った小説家ジーン・M・アウルは、豊かな想像力を働かせて『大地の子エイラ』を書いた。作者はこの物語を書いた動機をこう述べている。

「この骨の萎縮は幼いときからのものと思われ、誰かがかれを保護し、面倒を見たに違いありません。かれらには弱者への思いやりがあり、社会的良心があったのです」。

この物語の資料は、学問的には問題があるかもしれないが、人間社会が大昔から障害のある人たちを包み込んで生きてきたことは容易に想像できる。

しかし、現代社会は「言語化された思考」による自己決定が基本であり、「言語化されない思考」の持ち主である知的障害のある人にとっては、大変生きにくい社会となっている。特に親なきあと、彼／彼女らは意思の代弁や権利擁護の手段を失うことになる。それだけに、親なきあと、彼／彼女らの意思を代弁する社会的システムの構築は急務である。でなければ、知的障害のある人は親なきあとには必ず施設に収容されるからである。

ノーマライゼーションの社会を実現するには次の三つの障壁（バリア）を乗り越えなければならない。①物理的（構造的）バリア、②心理的（精神的）バリア、③社会的（制度的）バリアである。とりわけ日本では、知的障害のある人や精神障害のある人に対する「心理的バリア」である差別偏見がまだまだ根強い。まずは、コミュニティケアの手法を使い、地域住民を巻き込み、知的障害のある人や精神障害のある人を知ることから始めることだろう。まさに「地域を耕す」ことがともに生きる社会を実現する第一歩である。

〈エピソード4〉

青山さん（実名）は現在五十七歳、昼間は作業所に通いながら都会のアパートで一人暮らしをしている。三十一歳のとき、小学生を殺害した容疑で逮捕され、それから「懲役十二年」の有罪判決を受け、十二年間の刑務所暮らしを終えて現在仮釈放の身である。逮捕された日の夕刊には「〇〇ちゃん殺し逮捕、知恵遅れ三十一歳、近所の男」と見出しが踊った。地域の人たちは「やっぱりあいつか！」と自分たちの犯人捜しを自慢し、しかも、「知的障害」を理由にかれが不起訴にならないように「青山を地域に戻さない」署名活動まで行なったそうである。当時、この理不尽な「障害者排除」に家族も含めて誰一人反論できなかった。しかし、かれが「ほんとうは僕、殺したんじゃねえもの」とつぶやいたときから、冤罪事件として再審請求に向けた支援活動が始まっている。それでも知的障害のある人や精神障害のある人に対する差別偏見が生み出す冤罪事件は、その後も後を絶たない。

「障害」と向き合う人間の力

ここで言う人間の力（人間力）とは、相手の心の状態を推測する能力（想像力）のことである。この能力は動物にはなく、三歳ぐらいまでは発揮できないが人間だけが持っている力である。人間の歴史は、他者の心を想像するこの力が連綿と受け継がれてきたことによって成り立ったと言っても過言ではない。そして何よりもこの想像力が「障害」と向き合う原動力であることも明らかにしておきたい。

筆者は長年、障害のある子どもや大人と向き合い心理－社会的アプローチを実践してきた。なぜ筆者が臨床家だと自認できるかと言えば、私の先生は、障害のある子どもたちやその家族であるからである。大学での密室臨床を嫌った筆者は、地域というフィールド（現場）で実に多くのことをかれらから学んだ。特に、自閉症と呼ばれる子どもたちに人間の関係性について多くのことを学んだ。その最も大きな学びが、自閉症の子どもが失っている「心の理論」すなわち「相手の心の状態を推測する能力」についてである。かれらは、われわれの意識が「相手も自分と同じように感じたり考えたりしている」という関係の共同性の上に成り立っていることに気づかせてくれた。

それまで、「障害」と言えば身体の能力や知能の量を測定し、「障害」の程度を量的に判断してきた。この量的な尺度は、誰から見てもブレがなく数量化されて分かりやすいのだが、「障害」の問題を個人の問題に押し込める個人還元主義にほかならない。しかし、自閉症の問題は、「障害の量」ではなく「障害の質」としてわれわれの目の前に登場したのである。カナーとアスペルガーが相前後して自閉症概念を発表してから六十年以上が経過するが、「障害」とは何かの本質的な問いかけはまさにこの自閉症概念の発見から始まるのではないだろうか。

ここで、改めて障害のある人の潜在能力について言及しておく必要があろう。最近、視覚障害のある人が三倍速で録音した人の声を正確にテープ起こしできることが明らかになった。この音に対する優れた能力を生かしてフィルム工場の暗室での異常音検査に従事する人もいる。「障害」が持つ可能性はまだまだ隠されている。その可能性を現実のものにできるのは、何よりもわれわれ障害のない「人間の想像力」である。残念なことにその想像力の翼が現代社会の利便性によって失われつつある。障害のない人の「想像力」と障害のある人の「潜在能力」は、鍵と鍵穴の関係である。互いに相手を尊重しなければ「人間の可能性」の扉は開かない。

最後に、もし良心（Conscience）の名によって人間の利他的行動が活性化するならば、若い読者に障害のある人たちから「人間の良心」を学び直す体験と実践を是非してほしい。

〔参考文献〕

ジーン・Ｍ・アウル、中村妙子訳『大地の子エイラ』（上・中・下）（評論社、一九八三年）
網野善彦『無縁・公界・楽――日本中世の自由と平和』〈平凡社選書〉（平凡社、一九八七年）
小澤勳『認知症とは何か』〈岩波新書〉（岩波書店、二〇〇五年）
貝原益軒、伊藤友信全現代語訳『養生訓』〈講談社学術文庫〉（講談社、一九八二年）
アマルティア・セン、池本幸生・野上裕生・佐藤仁訳『不平等の再検討――潜在能力と自由』（岩波書店、一九九九年）
副島洋明『知的障害者　奪われた人権――虐待・差別の事件と弁護』（明石書店、二〇〇〇年）
日本臨床心理学会編『心理治療を問う』（現代書館、一九八五年）
蜂矢英彦『心の病と社会復帰』〈岩波新書〉（岩波書店、一九九三年）
浜田寿美男『ほんとうは僕ころしたんじゃねえもの』（筑摩書房、一九九一年）
リチャード・バーン、アンドリュ・ホワイトゥン編、藤田和生・山下博志・友永雅己監訳『マキャベリ的知性と心の理論の進化論』（ナカニシヤ出版、二〇〇四年）

第Ⅴ部

社会保障制度と高齢社会

第9章　社会保障制度の原理と哲学

1　社会保障の定義と起源

社会保障の定義・対象

福祉を制度としての側面から見るならば、その重要な一つは「社会保障」であろう。この社会保障とは social security の訳であるが、そのうち security の語源である secure という形容詞は、ラテン語では care free すなわち「心配から解放された」、つまり、「安心」を意味する。人生にはリスクがつきものであり、病気やけが、失業にいつ何どき見舞われないともかぎらない。例えば、一家の働き手が大けがで働けなくなって失業するとなれば、一家は路頭に迷いかねない。このような目にあったとしても、悲惨な状態に陥ることなく生活を続けていくことができるような備えがあると分かっていれば心強い。社会保障とは、国全体として制度を整えることによってこの備えを社会のメンバー各人に確保しようとするものなのである。

具体的には、失業、老齢、病気に対処するための社会保険が身近なところだろう。病気やけがの際、われわれが受診や治療に払う費用が安くすむのは社会保険の一つ、健康保険のおかげである。また、一般に歳を取れば働けなくなるがその際の生活費用として支給される年金や、日常生活を自分で行なう能力がなくなったときに活用される介護保険制度も、その例である。ほかにも児童手当などの社会手当て、どうしても生存に必要な収入を得ることができない場合の最後の頼みの綱である生活保護（公的扶助）、地域の保健所によって担われている公衆衛生、そして児童、障害者、高齢者などを施設や在宅でケアする社会福祉事業などが、この社会保障制度に含まれる。

社会保障制度の二つの源流

現代の先進国ではこうした社会保障制度が何らかの形で存在するが、その起源は二つの流れに求められる。第一の流れは、組合などのなかでお金を出し合ってプールしておき、メンバーの誰かが困ったときに必要なお金を受け取れるようにしておくという助け合いの仕組み、互助制度として出発した。そのうち、特に海上保険や火災保険を営利活動として取り扱うことから発展したものが保険会社である。いずれにしても、保険料を払い恩恵を受けるのは特定の仲間うちか希望して加入した者のみに限られるが、この仕組みを有志や民間会社の代わりに国が運用するようになったものが社会保険である。日本の場合は「皆保険《かい》」といって国民すべてが加入することになっている。全国民が保険料を払い、それを元手に先のような保障を行なうことを基本としているのである。第二の流れは、十七世紀イギリスの「エリザベス救貧法」が起源とされる、慈善的恩恵的な考えによるものである。この場合、税金を元手にして直接、困窮している人に施される。現在の社会保障制度のうち、生活保護はこの流れを引き継ぐものである。年金制度などをどう手直ししていくべきなのかを考える際にはこの二つの流れのいずれをモデルにするべきかが問題となる。

2　社会保障の原理論

自助・相互扶助の理念

こうした社会保障の存在理由や在り方についてはいくつかの考え方が提示されてきた。まず、一人の人間が人生のなかでさまざまなリスクを負っているとして、それに対して自分で対処する、あるいは備えておくべきだ、という考え方がある。これが自助という理念である。これは現代においては、国の運営する社会保障は最小限にとどめるべきだという発想としばしばセットになっている。

しかし、現実に一個人の力は限られている以上、これで十分な安心を確保するのは、特に昔は困難だった。こうした場合、先に述べた相互扶助という工夫が考案される。つまり組合などの仲間うちで出資して維持されるプールから給付を受けられるという共済制度である。伝統的な社会では大家族がこうした機能を果たしていたと考えられる。家族の一員が倒れてもほかの家族が面倒を見るのである。ところが、近代化が進むと核家族が増え、家族はもしものときのセーフティーネットとしての能力をかなり失ってしまった。家族や地域共同体が自然な安全網となりにくい近代になって、国を運営主体とする社会保障は始まったと言える。公的扶助の始まりとされる救貧法は、キリスト教的な慈善を制度化したものであると同時に、農村共同体が崩壊して都市に流入してくる多数の貧困者や浮浪者に対する治安対策という側面も併せ持っていた。

最大多数の最大幸福

どんな行動や法律、制度が正しいのかという問いに対して、合理的で明快な答えを出せるものとして十九世紀以来有力とされる「功利主義」という考えがある。これによれば、結果として関係者の幸福の総計が最大化される見込まれるような行動や法律、制度が正しい。そのスローガンは「最大多数の最大幸福」である。ここで言う幸福とは快楽のことを指し、それは苦痛と差し引きされるものとされるので、貧困や病気などによる苦しみを減らすような行動や法律、制度は正しいことになる。例えば、国民の税金で運営される政府がそうした施策をとって、徴税コストや税負担の苦しみを上回る苦しみを社会から減らせるなら、それは正しいことになる。

しかし、実際には功利主義の主唱者ベンサム（Jeremy Bentham, 1748 - 1832）は、貧困問題は当人の怠惰な習慣に起因すると見たので、その解決は福祉ではなく勤労へ向けた強制的訓練に求められるべきだという考えだった。また、古典的功利主義のいう幸福は快楽と定義されているが、福祉において問題となっている事柄を単に快楽や苦痛という尺度で考えてよいかには疑問の余地がある。さらに、功利主義ではあらゆる人の幸福が一つに足し合わせることができると考えられており、それぞれの人間のかけがえなさは考慮されない。それでは、一部の人びとを踏みにじっても社会全体の幸福の合計が増えればそれが正しいことになってしまう。これは、すべての人が例外なく一定以上の暮らしを送れるようにするという社会保障の考えとそぐわない可能性がある。

人権と自己決定

これに対して、各人に等しく侵されてはならない領域、または奪われてはならない事柄がある、という考えから「権利」が唱えられる。権利という考えは時代を下るにつれて発展した。十八世紀の市民的権利（人身保護法、言論・思想の自由など）から十九世紀の政治的権利を経て、二十世紀には社会的権利が基本的権利として承認される。これをもって福祉は慈善ではなく、各人の有する積極的権利と見なされることになる。つまり、それは与え手の好意次第という事柄ではなく、要求することが正当なものとなったのである。

こうして人としての権利という考えから社会保障の正当性が導かれることになる。日本国憲法ではこうした社会権の考えを取り入れ、第二十五条では「すべて国民は、健康で文化的な最低限度の生活を営む権利を有する。国は、……社会福祉、社会保障及び公衆衛生の向上及び増進に努めなければならない。」と規定し、国の責任として各人に一定以上の生活が保障されなければいけないとしている。こうした権利の概念は根拠づけなしに断定されることも多いが、例えば二十世紀を代表するアメリカの政治哲学者ロールズ（John Bordley Rawls, 1921–2002）の『正義論』はこうした考えに裏づけを与えようとするものである。

個人の権利と深い関係にあるキーワードとして「自己決定」あるいは「自律」がある。これはドイツの哲学者カント（Immanuel Kant, 1724–1804）の思想に起源を持つものと言われている。人が人として生きる一番肝心なところは、自分で自分の人生の在り方を決めていくことだ、という考えに根ざしたものである。人は他人から邪魔さえされなければ、思い通りに生きられるというわけではなく、それができるための条件がある。例えば、健康であること、極端な窮乏状態にないこと、正当な自尊心を持っていることなど。社会保障という制度はこうした条件を整え、個人に自己決定を可能にするという点で意義を持つものと考えられる。

社会連帯

他方、先に見た相互扶助の延長線上にある理念として重要なのが「社会連帯」である。組合や伝統的共同体の場合は顔を見知った仲間同士の支え合いだが、近代国家の場合は、顔が見えなくても同じ国民なら社会的に助け合おう、という考え方に立つ。ヨーロッパの福祉国家はこの理念を掲げることが多い。民間保険の場合、被保険者は純粋に自分の利益のために加入するが、保険会社の方も自らの利益のために、被保険者の負っているリスクの高低によって保険料の額を変える。保険金を支払うことになる見込みが高そうな被保険者からは高い保険料を取らないと損してしまうからである。これに対して社会連帯を掲げる社会保険の場合、リスクの低い人も高い人も強制加入が義務づけられ同一の保険料を課されることが多い。自分の損得だけで計算するとリスクが低い人はこうした保険からは抜けた方がよいことになるが、同一の保険からの退出は許されない。これによりリスクの低い人はリスクの高い人を仲間として支えることになるというのである。なお、こうした理念に基づく福祉国家は、国境内で完結していて、排外主義と裏腹であるとする指摘もある。

3　社会保障制度をめぐる論点

「持続可能性」という条件

社会保険制度は、加入者が払う保険料を元手に運営される。例えば年金（老齢年金、退職者年金を念頭に置く）であれば、加入者は自分が将来その年金を受け取る資格を得られるものとして保険料を支払う。とすれば、もし将来その仕組みが破綻して、自分の支払った保険料が無駄になったり、支払った保険料よりも受け取る年金の額が少なくなってしまうとすれば、その保険料は払わずに手元に取っておいた方が自分の老後の備えとしては有意味である。多くの人がこのように考えて保険料の支払いをやめてしまえば、本当にその仕組みは破綻してしまうことになる。不況などの事情もあって日本では現実に二〇〇八年の段階で国民年金（自営業者など中心の年金）の加入者総数のうち五四・四パーセントが保険料を納めていなかった。もしこうした傾向が今後進めば破綻は避けられない。そうならないためには、年金制度など保険料に基づく制度は、いまの時点で将来にわたって持続することが確実であるという信頼感が持てるように設計されることが必要となる。しかし、このことは、少子高齢社会に突入しつつある日本社会にとってそう容易なことではない。

保険料か税か

保険料の未納が多いのは、保険という制度を取っているせいだとする説もある。法律で加入と支払いが義務づけられてはいるものの、「保険料」であるから、個人が損だと思えば払わなくてよい、という印象を与えてしまう。実は、すでに（基礎）年金の支払いに必要な費用の三分の一は税金を投じることで賄われているが、保険料を取る代わりにこの割合を百パーセントにすれば「未納」という問題は起きないだろう。税金であれば強制的に徴収できるので、このような「空洞化」のおそれはなくなる。

他方、やはり保険料によって賄われる保険制度の方がよい、という考え方もある。保険料にせよ税金にせよ、出所は国民の財布なのは変わりないが、例えば年金の保険料という名目のものは別の用途には用いられない。これに対して税の場合は、すべてが一度合計されてそこから用途が決まるため、政治的な駆け引きで減ったり不安定になったりするおそれがある。また、自分が保険料を支払うからこそ、負担と給付の関係がはっきり分かり納付への動機づけになるという見方もある。社会保障制度の源流を思い起こしてみれば、保険の原型である共済に見られた自発的な助け合いの精神は、財源に税をあてることにしては失われてしまう、とも言える。ともかく、年金制度の立て直しには待ったはない状況なので、これらの議論を受けて、目的の決まった税にしてはどうか、という提案がなされている。今後の政治の焦点として、消費税の税率アップの是非が取りざたされるが、これについては年金などのためと目的を決めた「福祉目的消費税」として、という意見もある。

「大きな政府」か「小さな政府」か

手厚い保障を求めてより重い負担を引き受けるか、それとも国からの保障が減っても税金が安いことを求めるか。これは最終的には選挙における選挙民の判断であるが、選択肢は「高福祉高負担」か「低福祉低負担」の二者択一のように提示されることが多い。政府が多くのことをやるがその代わり税金も高いというのがよいのか、それとも税金は安いが政府は多くの領域から手を引くというのがよいのか。この選択肢は「大きな政府」かそれとも「小さな政府」か、とも言われ、長年にわたって政治の対立軸となってきた。

例えば、北欧諸国は伝統的に「高福祉高負担」というあり方を選択してきた。同様に「ゆりかごから墓場まで」面倒を見るという高福祉をうたっていたイギリスはその政府の大きさが災いして経済が沈滞したとされ、一九七〇年代にはその様子を指して「英国病」という言葉さえあった。このため、八〇年代に入ると、保守党のサッチャーが政権を取り政府の役割や規模を縮小する「小さな政府」路線へと切り替わった（九〇年代半ばの政権交代からは、どちらとも違うという「第三の道」をとっている）。アメリカは三〇年代から政府が大規模な事業や工事を行なうことで景気を好転させる「大きな政府」の路線をとったが、やはり八〇年代に税負担の少ない「小さな政府」の方向へと転換した。日本についてはこれまで「中福祉中負担」とも言われてきたが、国の借金が何百兆円にもなるという危機的な状況のさなかで、これまでの政府の規模・役割の在り方を見直す必要に迫られている。もちろんわれわれは、受け取る金額・サービスが多く負担が少ないことを望むのだが、そううまい話はないとすれば、いったいどちらがよいのだろうか。

4　再検討の視座

所有権と道徳的義務

社会保障はどうやって支えられるべきか。その主要な財源は保険料と税金の二つである。民間保険の場合、被保険者がそもそも保険に加入するかどうか、またどんな保険に入るかは、当然個人の自由であるのに対して、社会保険の場合は国が運営主体であり、全国民が加入して保険料を払うことを義務づけられている。そして、税によってそれが賄われる場合は、国が強制的に徴収する。いずれにしても、こうした仕事を手広く引き受けていくような政府の在り方は「大きな政府」として攻撃されることが多い。実際にこうした意見に従って「改革」が行なわれると、一般に福祉は切り捨てられることになる。

こうした意見の論拠は次のようである。まず、コスト感覚のない役所に任せると非効率である（民間に任せるべきだ）、という方法としての良し悪しをめぐる主張がある。より根本的なものとして、政府の役割を大きくすることは、より重い税や保険料の負担を意味しているがゆえに、個人が自分の財産を自由に処分する権利を侵害するものだから道徳的に許されない、という主張がある。この立場の場合、極論すれば保険すべてを「民営化」する方がよい、ということになる。この意見はわれわれが当たり前のように思っている「所有権」という考えに基づくものである。しかし、よく考えてみると、ある権利というものは周りの人がその権利を尊重する道徳的・法的義務を引き受けているときに初めて有意味に成立するのである。したがって、他の道徳的義務や権利が同じぐらい大事な場合、それらよりも必ず優先されるべきものとは言うことはできない。

〈困っている人を助ける責任〉という再出発点

このような、所有権をめぐる道徳的な考え方と同じぐらい当然に思える道徳的な考えもある。その一つは「困っている人を助けなければならない」というものである。この発想は、二十世紀のオーストラリアの哲学者グッディンによる「責任」の分析によって鮮やかに示されている。かれによれば、

Aさんの利益がBさんの行動や選択によって左右されるとき、BさんにはAさんに対する責任が生じるという。つまり、Aさんが望んでいることがかなうかどうか、ということがBさんの行為にかかってくるのである。例えば、Aさんが大変な悲惨な状況にあるのだが、Bさんにはそれを助けるような行動をとる能力も自由もある。もちろん助けないこともできる。どちらの行動をとっても自分の状況が良くも悪くもならないという条件なら、いったいどちらの行動が望ましいか、ということははっきりしているだろう。自分が助けられるのにそれを見過ごすということはよくないことである。

一般化すれば、人間は自分に対してそういう状況にある相手に対して「責任」を負っているのである。相手がどういう事情でそういう状況に陥ったかはその時点では重要ではなく、その場で誰が一番よくその人を助けられるかが問題なのである。このように困っている人を助ける能力という点では一個人には財力でも時間でもどうしても限界がある。この責任をよりよく果たすためにはどうしたらいいか。そこで皆の合意に基づいて、多少のお金をそれぞれ負担してそうしたことを専門的に行なう機関を作ったらよい、という案が出てくる。行政機関としての国をこのようなものとして捉え直すこともできるのである（もっとも、いまの政府がどうすればそういう役割を効率的に、十分に果たしうるようになるかは別に考えねばならない難問ではある）。

人間の本質としての「依存」

先に見た所有権に基づく「大きな政府」への反対論は、哲学史上は十七世紀のイギリスの哲学者ホッブズ（Thomas Hobbes, 1588–1679）を代表とする契約論を起源としている。その前提にある人間観は、「自立」的、つまり他人に頼らず生きていける大人をモデルとしたものである。自立的で、おまけに利己的な個人が集まって社会ができている、と考えるのである。そのような感覚からすれば、強制徴収される税金というものは本来であれば自分の自由に使えるはずだった財産を目減りさせるもののように映るであろう。

しかし、こうした見方は人間の生の全側面を捉えたものとは言えない。実際には一人の大人が存在するということは、生まれてから養育を受け、成人に成長するまで誰かに世話をしてもらってきた、ということを必ず意味している。他の個体に頼り切って生きる期間が人間ほど長い生物はほかにいない。その意味で、そのことは生物としてほかの種と最も異なった人間の特徴の一つと言える。そして、成人した後も、運良くけがや病気などに見舞われずに過ごせたとしても、必ず老いが訪れて、再び他人のケアに依存するようになる。このように見てくると、人間の生というものはほぼ本質的に他者への依存を含むものと考えざるをえない。人間はその生涯のどこかで、他人に依存しその他人に責任を生じさせるような立場に必ず立つことになる。そして、人が人とともに生きざるをえないものであるとすれば、ある時点でともに生きる他人を助ける責任を自分の方が負うことになるのもほぼ確実だろう。社会保障制度を含めて社会の仕組みはこうした人間観に基づいて構想されなければならない。そのうえで、役所の効率性や透明性などの問題を解決する道を探るべきであろう。

〔参考文献〕

金田耕一『現代福祉国家と自由』（新評論、二〇〇〇年）
厚生省監修『平成11年版厚生白書　社会保障と国民生活』（ぎょうせい、一九九九年）
齋藤純一編著『福祉国家／社会的連帯の理由』（ミネルヴァ書房、二〇〇四年）
竹本善次『社会保障入門』〈講談社現代新書〉（講談社、二〇〇一年）
中垣陽子『社会保障を問い直す――年金・医療・少子化対策』〈ちくま新書〉（筑摩書房、二〇〇五年）
ノーマン・バリー、齋藤俊明ほか訳『福祉――政治哲学からのアプローチ』（昭和堂、二〇〇四年）
広井良典『日本の社会保障』〈岩波新書〉（岩波書店、一九九九年）
広井良典『定常型社会――新しい「豊かさ」の構想』〈岩波新書〉（岩波書店、二〇〇一年）
椋野美智子・田中耕太郎『はじめての社会保障』〈有斐閣アルマ〉（有斐閣、二〇〇六年）

第10章　高齢社会の不安と希望

1　高齢化と老い

高齢化の現状

福祉は特殊な事情にある人のものであって自分には全く関係のないもの。こう思っている人も多いだろう。たしかに、世の中に他者からの助けなしには生活を送っていくのが困難な人たちがいることも頭では分かっている。けれども、その人たちを助けるために自分が何か犠牲を払ったり負担しなければいけないと言われても、すんなり受け入れられるものでもない。何しろ自分は自分であって絶対その人たちではないのだから。こんな理屈で福祉への無関心が正当化されるのを耳にすることもある。

しかし、こと高齢者の問題に限っては他人事ではすまされない。今青春を謳歌している人たちも、どんどん生き続ければいずれ老境にいたるのである。つい数十年前までは「人生五十年」とさして変わらない状況が続いていたのだが、いまや日本では八〇パーセント以上の人が六十五歳以降も生き続ける。老いにまつわる問題は基本的にどの人も自分の問題として考えざるをえないのだ。

「日本は高齢化している」「日本は高齢社会になった」という言葉はもはや決まり文句のようになっている。この「高齢化」というのは社会のなかで六十五歳以上の高齢者の割合が増えるということを意味する。ある人が歳を重ねて高齢期に達したという意味ではない。国民一人一人が生きると見込まれる年数が延びたという現象のことは「長寿化」という。日本人の平均寿命はおよそ六十年前には男女ともに五十歳代前半であったが、二〇〇八年度には、男性七十九歳、女性は八十六歳となっている。さらに今後も平均寿命は伸びていくだろうと予測されている。この長寿化だけであれば、人が死ににくくなるので人口はどんどん増えるはずだが、一方で出生率の低下も起こっている。一人の女性が生涯に産むと見込まれる子どもの数（合計特殊出生率）は毎年減り続け、二〇〇五年にはついに一・三人を割り込んだ。素朴に考えて、夫婦二人の間に二人の子どもが生まれて現状維持であり、それを下回れば人口は減ることになる。実際、厚生労働省の人口動態統計の推計によれば、〇五年に生まれた赤ちゃんの数が亡くなった人の数をついに下回り、日本の人口は自然減に転じている。このように、ある社会の総人口が横ばい、もしくは減少するときに長寿化が進むと、社会のなかの高齢者の割合が増え、高齢化が進むことになる。国連の定義では、総人口のうち六十五歳以上の割合が七パーセントを越えると「高齢化社会」、一七パーセントを越えると「高齢社会」と呼んでいる。

二〇〇九年九月の総務省の推計では、日本の高齢者の割合は総人口の二二パーセントに達した。五人に一人が高齢者という、世界でも最も高齢化が進んだ社会である。国立社会保障・人口問題研究所の推計では今後も高齢者の割合は増え続け、二〇一五年には二六パーセント、二〇二五年には二九パーセントに達するとされている。このように、少子高齢化は予測を上回る速度で進行しており、長期的にこの傾向が変わるという要素はほとんどないとされている。われわれは超高齢化を動かせない現実として社会の将来のことを考えていかなければならない。

老いと備え

では、老いとともに生きるとはどういうことであろうか。生物は誕生から時を経るにつれて不可逆的な身体の変化をこうむる。人間では青年期と呼ばれる時期を過ぎるとその変化は老化と呼ばれるものになる。老化が進むにつれ、体力が衰え健康に障害が生じるリスクが高まる。筋力や臓器その他の機能が衰え、肉体的損傷や疲労から回復したり病原体に抵抗する力なども弱まるのである。視聴覚や瞬発力、記憶力など、知覚や精神面での低下が起こることも多い。こうしたことから、高齢者はけがをしたり病気にかかったりしやすく、しかも治りにくいため慢性疾患を抱えることになりがちである。また労働に要求される課題を達成する能力を次第に失っていくため、雇用の対象からはずれやすくなる。場合によっては、日常生活に必要な動作さえ行なえなくなってしまう。さらに同世代の知人が世を去っていくために孤独に陥ったり、将来にいっそうの衰えと死が待っていることを意識せざるをえないために不安になったり悲観的になる傾向も強いと思われる。

これらのことから問題となってくるのは、働いて生計を立てる方途が閉ざされるということ、加えて心身面での治療・療養に高額の費用が必要になること、そして日常的な生活を維持していくための付き添い・介助の人手が必要となること、である。数十年前とは比べものにならないほど寿命が延び、大家族や地域共同体による世話も期待できない現在、これらのことは公的に対処される必要がある。そのため、この四十年ほどで公的年金、老人医療制度、介護保険などの社会保障が整備されてきたという経緯がある。

2　高齢社会の問題点と対応策

人口構成の変化による問題

高齢化が進むことは、社会の側ではどう問題になってくるだろうか。高齢者は先に見たような心身の状態にあるため自分の生活を維持する活動さえままならなくなってくる。高齢者の割合が多いということはその分、現役世代の割合が少なくなるということを意味しているので、当然労働力人口は減少する。ここから社会機構や生産活動を維持していくための労働力が不足するという心配が出てくる。労働力人口が減るということは納税者の数が減るということを意味するので、今でもよくない国の財政状態が悪化する要因となる。加えて、高齢者は自分で働いて生計を立てていくことは難しいうえに病気や障害に苦しむ割合が高い。その人口が増えるということは、国にとっては年金への拠出や医療費などの出費が増加することを意味するのである。収入は少なくなるのに、出費の方は多くなるわけだ。また高齢化は社会の人口構成の変化を意味するので、多数の現役世代が少数の高齢者を支えるというピラミッド型の人口構成を想定して設計された年金制度も行き詰まってくる。制度を支えるためにお金を負担する側が減るのに、お金を受け取る側はどんどん増えるからである。

こうした構造的な厳しさに加えて、担当官庁の度重なる失態もあって、現役世代には、将来自分が受け取る側になったときに、今までと同じように年金を受け取れるのか、また受け取れるとしても目減りするのではないかと不安が広がっている。こうした不安のために未払いが増えて制度自体が崩壊することになれば、社会の高齢化に対処する重要な方策の一つが失われ、さらに不安が広がることになる。早めに手をつけないと事態はいっそう悪くなるわけだが、その不安を拭い去るために必要な制度の改革も容易なことではない。また、高齢化している他の諸国の場合と比べても日本の高齢化のスピードは格段に速く、そのためさまざまな面でいっそう対処が難しくなっている。

社会の沈滞

経済の観点から言えば、社会の高齢化はマイナスのように見える。例えば、景気の回復が本物になったというとき、どれだけ人々が物やサービスを買ったか、という個人消費の動向が一つの重要なサインになるのだが、高齢者の財布のヒモはそう緩くはなさそうだからだ。われわれは、将来大金が入る見込みがある場合には気軽にお金を使うが、そうでない場合には慎重になる。買い物を手控えたり、買うにしてもできるだけ低価格のものを選ぼうとする。高齢者はこれから働いて収入を増やしていくということは見込めないため、仮に多くの資産を持っていても、若い世代と比べればどうしても慎重になる。また、若いうちは人生のステージを一段階進むごとに大量のお金を使う。進学や結婚、出産など人生の前半の大イベントの際には、転居や家財道具の買い替え、催しや育児のために大量の消費が行なわれるのである。高齢者はこうした大イベントのほとんどを終えているので、社会が高齢化することによってこうした分野での消費は縮小する。そう簡単に物の売れる時代ではないということだ。

また、社会全体の印象としても「活力の低下」が言われるだろう。少子高齢化は単に長寿化なのではなく、人口の減少をも伴っている。「にぎわい」から「さびしさ」へという流れはいかんともしがたい。開設から三十年以上を経過した「ニュータウン」の光景に限らず、街角からは子どもの数が減り、代わりに高齢者の姿が目につくようになる。物事の感じ方、考え方の基調も、「右肩上がり」「上り坂」というわけにはいかないかもしれない。

介護問題

いわゆる「後期高齢者」（七十五歳以上）になると、病気や障害に苦しんだりして、日常生活を自分の力で営んでいく能力を失う割合が高くなってくるとされる。他者の付き添いや介護が欠かせなくなるが、まずは家族がその役割を引き受けることになる。そうした家庭の壮絶な事情（介護地獄）については、長寿化が本格化してきた八〇年代からだんだんと知られるようになってきた。移動や食事、入浴、排泄などに人の手が必要なだけでなく、高齢者が認知症患者でもある場合には、介護にあたる家族の緊張と疲労は極限に達する。徘徊その他の危険な行動を防ぐために二十四時間ひとときも気を許すことができず、記憶違いや妄想に起因する非協力的な態度に耐えなければならないような場合もある。しかも回復は全く見込めず、衰えるばかりという場合も多い。そうした過酷な状況にあって、家庭の崩壊、家庭内の介護者による高齢者虐待、さらには「老老介護」の親子による無理心中などの悲惨な事件も起こってきた。社会の高齢化に伴って家庭がこうした試練にさらされるのはごく一部の話ではなくなっている。また、配偶者を失った人や単身世帯も増えていて、これらの人びとには介護してくれる家族はいない。こうした状況では、古来おめでたいものとされてきた長寿を、周囲も本人も安心して祝福するというわけにはいかないだろう。

介護保険という対応策

高齢化に伴うこうしたさまざまな問題点には、いまのところ対処法が見えにくいものもある。しかし、その問題自体への対処が難しくても、福祉の分野に関わる制度上の工夫によってかなり緩和されるものも多い。そうした工夫の典型例が介護保険制度である。

先に見た通り、高齢者の介護を特に現代一般的な核家族や共働きの家庭で引き受ける場合、その負担は大変なものとなる。高齢者が単身の場合はそもそも介護にあたる家族がいない。この問題を解決するために、社会保険の一つとして「介護保険」という制度が二〇〇〇年に始まった。これは四十歳から保険料を払い始め、そのかわり六十五歳以上になって介護が必要になったときに、どれほどの介護が必要かという段階を認定してもらい、それに応じて介護サービスの費用を支給されるという仕組みである（各段階ごとに額が決まっており、その総額の範囲内で受けるサービスの組み合わせを決める）。

介護保険から費用を支払ってもらえるサービスの種類としては、ホームヘルプ、デイサービス（保育所の高齢者版とたとえられる）、ショートステイ（短期入所生活介護）の三つがある。従来、要介護老人に対するケアは医療の一部と見なされていたが、一九九〇年前後からははっきりと福祉分野に属する事業として制度が整備され始めた。すなわち、病院などの施設よりも在宅におけるケアを基本とする姿勢への転換である。この在宅介護を支援する仕組みの「三本柱」と位置づけられたのがこの三種のサービスである。こうしたサービスを受けることによって先に見たような、在宅介護にあたっている家族の苦境はかなり緩和される。現行の介護保険制度については、介護認定基準に関してなどさまざまな問題点の指摘があるものの、高齢社会に目立ってきた問題を緩和するために社会福祉が効果的に働いている一例と言えるだろう。

3　高齢社会の希望

マルクスのユートピア

さて、高齢社会については暗いイメージがつきまといがちだが、前向きのことも考えられる。十九世紀の大思想家マルクス（Karl Marx, 1818－1883）は『ドイツ・イデオロギー』において、政治運動が目指すべき理想社会の像を描いている。そこでは「各人はそれだけに固定されたどんな活動範囲ももたず、どこでも好きな部門で、自分の腕をみがくことができるのであって、社会が生産全体を統制しているのである。だからこそ、私はしたいと思うままに、今日はこれ、明日はあれをし、朝に狩猟を、昼に魚取りを、夕べに家畜の世話をし、夕食後に批評をすることが可能になり、しかも決して猟師、漁夫、牧師、批評家にならなくてもよいのである」。つまりやりたいくないのに押しつけられる労苦としての労働ではなく、自分が望んで自分を生かすことができる活動に満ちた社会を理想としているのである。

もちろん、こうした在り方は社会の一部の人の犠牲の上に成り立つものであってはならないが、定年退職したのちも十年以上にもわたって現役と同様に活動可能（ＷＨＯの調査によれば日本人男性の健康寿命は七十二歳である）な現代の高齢者の暮らしは、まさしくこうしたものでもありうるのではないだろうか。特に男性でこれまで会社勤めをしてきた人びとは、自分の住んでいる地域や社会全体に問題があることに気づいても、仕事最優先で見て見ぬふりをしてきたことも多かっただろう。定年後はそうする必要はなくなる。団塊世代の定年退職者たちは自分の身の周りの問題を解決するために地方政治に関わっていくべきだという主張が最近しばしば唱えられるが、これはマルクスの言う「夕食後の批評家」というイメージと一脈通じているように思われる。

過疎地を活性化するものとしての高齢者ケア

自由な自己実現は「いつまでも若い」ことが前提である。しかし、先にも述べたように老いるということは、心身が不可逆的に衰えて、自分の身の周りのことさえできなくなるという可能性を帯びている。そのような状態になった場合、他者によるケアが必要になる。介護などのサービスを供給するケア産業は老齢人口の増加に伴って今後も成長していくと見込まれる。こうした産業は、従来の工業・商業のように天然資源の存在や資本・情報の集積などの立地条件を必要としない。この四十年間ほど、日本中の過疎地域は公共事業の名の下に都市である中央から配分される富に依存して存続・発展を図る傾向が強かった。それは高速道路や鉄道、ダムなどの大型の土木工事を行ない、それによって地元の人に仕事をもたらすという形を取ってきた。

しかし、近年こうした工事については、あまり必要性がないのに地元に金を落とす目的のためだけに実行されているのではないか、自然破壊につながるのではないか、などと問題視されている。しかも、そうした工事によって地元の人に仕事の機会が与えられるのも工事が完成するまで、という一時的なものにすぎない。こうしたやり方に代わって、高齢者に対するケアを地方自治体活性化の中心に置く方向性が有望視されてきている。秋田県旧鷹巣町（現北秋田市）は、こうした福祉中心の自治体作りに切り替えて大変な成功を収めた例として有名である（ただし、残念ながら現在は「平成の大合併」により町は消滅し、こうした取組みは新市には必ずしも引き継がれていない）。注目すべきは、高齢者介護のために多数の職員を雇用し、それによって、仕事がなければ都会に流出してしまう若者を引きとめ、さらには、その職員たち相手のサービス産業の活性化などの波及効果もあったということである。

価値観の転換

高齢化によって社会全体の年齢構成が変化する。これによって、いわゆる「シルバー市場」、つまりお年寄りにとって必要な、魅力のある商品を提供していく分野が有望だと言われたりする。しかし、ことは経済的なレベルにとどまらない広がりを持つものと思われる。長い老後を送る人びとは自分の好む活動にいそしむであろうが、その種類は肉体的活動への依存が少ない趣味・娯楽を中心としたものとなるだろう。単に刺激が強いということより、繊細な感覚・経験の蓄積に依存する楽しみの比重が高くなる。社会全体がこれに追随しこうした傾向を持っていくと思われる。商品の開発者・売り手など供給側も、多数の顧客である高齢者の観点を常に念頭に置いて行動せざるをえないからだ。

また、人間観にも大きな転換をもたらすかもしれない。現在の「労働・生産する存在」であるという像より、「ケアしケアされる存在」としての人間という像が、より強調されるようになる可能性がある。多数の年金生活者を目の当たりにして「働かざる者食うべからず」という言い方は通用しなくなってくる。社会全体の産業構造上もケア関連分野の占める割合が高くなる。そうした業界に身を置いている人たちにとっては、物や数字ではなく人間相手の見方を取ることがいわば新たな習性となる。

哲学や思想の歴史を振り返ると、時代の花形産業や成功を収めた新技術の見方が、他の分野にも応用されて思考の枠組みが決まることがよくあるのが分かる。例えば、近代社会の在り方を考えた十八世紀の契約論の哲学は、アメリカ開拓の経験にも着想を得ている。また、「人間とは何か」という哲学的問題を考える際、時代によって時計やコンピュータにたとえたりしたのもそれである。現実の捉え方も、捉えたうえでどのような行動に移るのか、という点の違いで相当に変わってくるだろう。近代の認識論は自然を対象とし、それをどう操作するかを主な関心として成立したものであったが、これからはこの操作に代わって相手の心をどのように汲み取ってケアしていくかというコミュニケーションが中心となっていく。そこでの認識・知の在り方はおのずと異なったものとなっていくだろう。近代自然科学のものの捉え方自体が、環境問題という現代最大の難題を引き起こしたのだとすれば、こうしたケアの見方はそうした問題を根元から考え直させるものとなるかもしれない。

以上を踏まえるとすれば、高齢とされる年齢層の人びと自身の向かうべき方向はどのようなものになるだろうか。「いつまでも若い」を目指すのももちろんよいだろう。しかも、その技術的条件もたしかに昔よりずっと向上している。しかし、むしろ以上述べたような新たな見方へと転換し新しい社会作りに参画する気概をもって、自分の老いをどう生きていくかを考えていくのも一つの意義深い視点ではないだろうか。もちろん、社会福祉のあるべき姿を考える際にも、どうすれば高齢者がそうした人生を生きていくことが可能になるか、ということが重要なポイントとなるはずだ。

〔参考文献〕

上野千鶴子『老いる準備――介護することされること』（学陽書房、二〇〇五年）
大町公『受け容れる、老いと死と悲しみと』（法律文化社、二〇〇二年）
岡本祐三『高齢者医療と福祉』〈岩波新書〉（岩波書店、一九九六年）
金子勇『少子化する高齢社会』〈ＮＨＫブックス〉（日本放送出版協会、二〇〇六年）
清家篤『エイジフリー社会を生きる』〈ＮＴＴ出版ライブラリーレゾナント〉（ＮＴＴ出版、二〇〇六年）
平野隆彰『夢子がおばあちゃんになるとき――21世紀の福祉をになう君たちへ』（ミネルヴァ書房、二〇〇〇年）
広井良典『ケアを問い直す――〈深層の時間〉と高齢化社会』〈ちくま新書〉（筑摩書房、一九九七年）
鷲田清一『老いの空白』（弘文堂、二〇〇三年）

第Ⅵ部

福祉と人間

第11章　生へのまなざしと福祉のこころ

1　こころを操作する時代

脳神経科学という現代

科学・医学が進歩する現代、脳神経科学（「ニューロサイエンス」だから「神経科学」でよいのだが、脳機能とのつながりが焦点なのであえて「脳」をつけて訳しておく）という分野が開拓されつつある。人間その他の生物の喜怒哀楽や意思作用を科学的に解明しコントロールしようとするもので、脳への電気刺激や薬物治療、場合によっては外科手術的介入が試みられている。軍事利用目的が大きな動機づけになったようで、例えばネズミを意のままに操って敵地に仕掛けた起爆装置を押させるだとか、兵士に死ぬことも殺すことも恐れない精神構造を植えつけるといった企てもある。

この科学の「民生利用」として、精神医学が新たな局面を迎えようとしている。抗うつ剤など薬物によって脳内物質をコントロールすることは以前からあったが、あくまで生活環境の改善や心のもつれの対話による解きほぐしと併用されるものであった。ところが、問題件数が増え内容も複雑化・深刻化してくると、ピンポイントで効率的な対処をやりたくなる。うつ病の脳内状況を解明して電気刺激で一挙に気分を晴らすという「治療」が、実際に行なわれる例もあるのだ。

これでいいのか、と考え込まずにはいられない。うつ病から自殺にいたるのを食い止めるには、こんな手段も取らざるをえないのかな、とは思う。また、ＡＬＳ（筋萎縮性側索硬化症）患者の脳内活動を読み取ってコミュニケーションを図るだとか、脳指令を義手や義足に直接伝えて微妙な動きを意のままにできるようにするといった話を聞くと、脳神経科学の恩恵に期待したくもなる。

こころを操れる時代の倫理

しかし、やはりこれは地獄へと道を踏み外す分水嶺ではないか、という警戒心を解くことはできない。例えば、アメリカではベトナム戦争の帰還兵に戦争後遺症の人が多いという。生死ギリギリの恐怖、相手を殺してしまったという責め、それらが生還した後もこころを乱すのである。最近のイラク戦争でも、同じことは起こっているだろう。かれらを救うためには、脳に直接手を出す試みもありうるかもしれない。しかしわれわれにとって大切なことは、その脳治療で問題を解消することではなく、戦争というものは（たとえ「正義の戦争」と信じていても）関わった者のこころに大きな傷を残すという厳粛な事実と向き合うことである。そして戦争と平和の意味を正面から考え直すことである。

また例えば、大切な伴侶に先立たれて打ちひしがれている人に、脳治療で明るい気持ちにさせることを、われわれは選ぶのだろうか。むしろそこで必要なのは、死別の悲しみはしっかりと受け止め、人との交流や共感によって時間をかけてゆっくりと立ち直ることではないか。

脳神経科学に一歩遅れて脳神経倫理学（ニューロエシックス）という分野も開拓されようとしており、筆者はその方面の研究会でいま述べたような提言をしている。脳神経倫理学は、一方では、脳内の道徳倫理意思を解明するという役割もあるのだが、もう一方の、脳神経科学の活用を社会倫理のなかで慎重に考えるという役割の方を重視しようとしている。

「こころとは要は脳内活動だ」という見方が広まりつつある現代に、この分野は重要性を増してくる。人類史には「洗脳」の事例がいくつかあり、それはたいてい批判をもって考察される。政治的圧力と集団的熱狂が一方的な価値観を押しつけるとろくなことはない、とわれわれは歴史から学んでいる。しかし、現代科学の合理性を前面に出して、個人の治療という意義を強調されると、部分的には「こころいじり」「脳操作」も許されるかな、とも思ってしまう。倫理学は、脳神経科学を倫理で見直し制御するという、新しい現代的課題を抱えたのかもしれない。

そして、先に述べた脳神経倫理学の一つめの役割、脳内の道徳倫理意思の解明という点から言えば、これらの倫理的考察そのものを脳内活動として分析するという営みも繰り広げられるだろう。すると、

「こころいじりには警戒せよ」という倫理観そのものがメタレベルで考察されることになる。さらには、「倫理規範に乏しい人間には脳治療で倫理意識を植えつけよう」という、倫理的直観に反する野心が、まさに倫理的要請として生まれてくるかもしれない。

2　こころ論と福祉論

こころ満たす福祉とは何か

「こころいじり」「脳操作」という話題から入ったのは、一つには、「こころ」というテーマが広く問題関心になっていて一緒に考えるきっかけになりやすいからである。もう一つには、福祉のあり方などの議論が、最終的には安心感や幸福感といったこころの満たされ方という問題に帰着すると考えているからである。そこが最も広がりのある問題発生領域であり決着領域であるのなら、そこにメスを入れて解決を図るのが最も効率的だ、という発想も出てくる。

しかし、すでに述べたように、戦争後遺症や家族を亡くした悲しみを脳に操作を加えてどうにかするのは本質的な問題解決ではない、という倫理的直観は、おそらく多くの人の同意が得られるだろう。幸福感にしても、「天皇陛下のために死ねるのなら望外の喜びだ」とか「偉大なる将軍様のおかげでわが国は最高に幸せだ」といった発言に象徴される幸せ感覚は、ほとんどの人が疑問視している。幸福に客観的真理があるかは議論の分かれるところだが、やはりわれわれは、人権とか自由とか生存の物理的条件とかに、ある程度の基準を人類共通のものとして考えようとする。こころの満足は、「要は気の持ちよう」ですまされることではなく、福祉的環境を時代と地域の特性に合わせて具体的に整えることで、現実的に果たされるものであろう。

子どもと大人の新しい時代精神

物理的環境の整備を強調しすぎると、また設備や人材や技術の話になり、景気や財政の問題に持っていかれやすい。しかし、右肩上がりの高度経済成長のおこぼれで福祉的手当を賄える時代ではない。環境整備は、新しい時代の条件と要請に基づきながら、われわれの思考回路を含む精神姿勢の組み直しも伴う必要がある。

例えば、子どもをめぐる教育環境の悪化、あるいは子ども自身の変化が問題視される。親の育児放棄や虐待の事例も見られるし、子どもがキレやすくなったとも言われる。ＬＤ（学習障害）やＡＤＨＤ（注意欠陥多動性障害）という「病名」もつく時代になった。

「病名」のつくケースについて言えば、アメリカでは薬物投与で「症状」を緩和する方策（薬の力で多動を静めるなど）があっさりと取り入れられる。日本の教育界では、医学的「治療」に頼る前に教師や学友の理解と手助けで問題をかかえた子どもを包容する営みが続けられているようである。この日本的な努力は非効率な無駄骨なのだろうか。私はそうは思わない。これは先に挙げた、死別の悲しみは脳治療で解消すればよいというものではない、という議論と通じるところがある。つまり、ある確率で起こる苦難を技術的合理性だけで解決する方針を立ててしまうと、われわれは共感と協力で負担を分かち合い乗り越える術を失い、人生に起こる小さなトラブルも受け止め切れなくなり、この世を生き抜く柔軟な包容力を枯らしてしまう、と考えている。

子どもの環境と自身の変化という話題に戻ろう。まず、長寿社会になって、「子ども時代」の認定も変更を要するのではないか。「人生五十年」の時代には、結婚や職業生活のスタートを見ても、十代半ばでどんどん「大人」になることが求められた。今の日本は、二十代半ばまで親がかりで勉学などに従事することが是認されやすい。「人生八十年」の現代には、もしかしたら生物学的にも成熟年齢に達する体内タイマーが遅れ始めているのかもしれない。国全体の経済的豊かさに甘えていつまでもダラダラと……でよいとは言わないが、どこか人生のタイムスケジュールを見直す必要はありそうである。

子どもの環境を変えたのは大人たちである。外回りの営業マン（ウーマン）には便利であろうケータイを、高校生やもっと小さな子どもも持つように仕向けたのは、日本の資本主義であり、二十四時間コンビニや自販機やゲーセンは、明らかに深夜の若者を顧客にしている。アクセスの魅力をちらつかせながら「子どもはまだダメ」と口先で言っても従ってくれるものではない。大人自身が、時代変化のなかでの世間の作り方を反省し、次世代には何を与えるかを責任をもって考える必要がある。

家族と地域社会の新思考

「最近の子どもはおかしい」との声があるが、それを言うなら「大人だって十分におかしい」。パソコンでのやり取りから子どもどうしの殺傷事件が起こると人は驚くが、パソコンを子どもさえもが扱うのが全く新しい事態なのであり、顔を見て息づかいを確かめながら話し合えば加減できることがメール文字だと容赦なきトゲになることは、大人社会でも分かっていることである。少年犯罪の様相が変わってきたと喧伝されるが、「分別ざかりの年齢なのに」と眉をひそめたくなる大人の犯罪の方が、よりいっそう目立つ。

childlike（子どもらしい純真さを保つ）ならいいが、childish（子どもじみた幼稚さにとどまる）なのはいただけない。児童虐待が次世代に連鎖するというが、子どもじみた大人が子育てをすると、子どもは輪をかけて子どもじみてくるものである。しかも周囲にはパソコンやコンビニやケータイがあふれている。自己管理など無理な要求である。

大人数家族が核家族になり、地域のつながりも薄れたから、家族問題・子育て問題が噴出したという面はある。しかし大もとは、精神的成熟度が年齢に比して遅れるようになり、それでいて「大人的コントロール」が必要な情報機器に囲まれている、という現代人の生活をどう考えるか、という問題なのだと思う。家族の再生も地域社会の復活も、先祖返りのようにできるわけではない。そもそも、昔の家父長制度や地域因習の抑圧性を思い起こせば、昔に戻ればよいとは言えない。現実的には、家族ケータイを上手なコミュニケーション習慣に溶け込ませるとか、地域交流をパソコンネットワークで活性化するといった形で、情報機器その他の現代的環境を「善用」する方策を考え出すことになる。「大人も子どもも交えたご近所の対話」が未成熟な部分を補い合って、少しずつ大人らしい「気づき」を共有できるようになってほしい。

3　守り育てるいのち

「弱者のための福祉」からの脱却

時代環境は急激に変わっているが、人としての営みに大事なことは今も昔もそんなに変わらない。いのちが生まれる喜び、死別の悲しみ、生き抜く過程での喜怒哀楽を、たじろがず受け止めること。できれば喜と楽は増やし怒と哀は減らそうと願い、それらを技術的処理に任せるのでなく（少なくとも技術におぼれるのでなく）、生身の人間どうしのやり取りで実現する努力と工夫を重ねること。大まかな方向性は、いつの世にもさほど変わらず支持されるだろう。

「弱者救済の福祉からみんなの福祉へ」というスローガンも、福祉社会づくりの新しい段階を示すものとして、おそらく間違ってはいない。例えば障害者へのまなざしは、まだ差別や偏見にとらわれている面はあるが、ひと昔前よりはたしかに柔らかいものになった。ただ、やはり多くの人の考え方はまだ「他人事」であるようだ。相手に差し出す「同情」ではあっても私とつながっているという「共感」ではない。世はまだ、「健常者世界」に障害者を呼び込みやすくするという発想から抜け出せていないのではないか。

「偶然的一時的健常者」という発想

ここで考えてみよう。長寿社会になって、「半人前」である子ども時代も「第一線」から退いた老齢時代も長くなった。「一人前」であるはずの大人たちにも、こころの危機やいびつな犯罪行動などの変質がそこかしこにある。もちろん病気や事故、障害はいつでも降りかかるし、そもそも誰もがなにがしかの弱点を抱えている。そうすると実は、「安定的健常者」という存在はどこにもいないのではないか。われわれの多くは、「偶然的一時的健常者」でしかなく、「障害者問題」はまさに全員の潜在的共同問題なのではないか。

筆者は数年前から「障害者カナリア説」なるものを唱えている。炭鉱など空気条件が悪化しやすい職場には鳥籠に入れたカナリアが連れていかれ、カナリアが騒ぎだすと「危なくなったから作業は中止して撤退」という判断を下すのである。障害者も、われわれ誰もが持ちうる弱点を敏感に持っていて、みんなにとって不利益となる環境の悪化にまず声を上げてくれる存在なのではないか。かれらが「息苦しい」と言い出したとき、われわれは全員の首を絞めるようなことを始めているのではないか（障害者をカナリアにたとえるのは失礼かもしれないが、失礼だと言うと同じ地球の住民であるカナリアに失礼かもしれない）。この説を本書の第7、8章共著者にぶつけてみたところ、「障害者自身が、カナリアのようなセンサー役を望んで買って出たわけではない」とは言われたが、特に否定はされなかった。

いわゆる「弱者問題」は、子どもや高齢者を含めていろいろな文脈で語られるが、要は当事者意識を持てるかが、本気でそれに取り組むかのカギになる。「当事者意識」とは、自分自身がまさにその人生を歩むということを必ずしも意味しない。仲間として共感し、自分も常にその近傍にあるという「生へのまなざし」を持てるということである。「ともにある生」を前向きに語り合える、そして後ろを向きそうな人も抱きとめられる、そんな世間であってほしい。

〔参考文献〕

岩田正美・武川正吾・永岡正己・平岡公一編『社会福祉の原理と思想』（有斐閣、二〇〇三年）
マイケル・S・ガサニガ、梶山あゆみ訳『脳のなかの倫理――脳倫理学序説』（紀伊國屋書店、二〇〇六年）
川本隆史編『ケアの社会倫理学――医療・看護・介護・教育をつなぐ』（有斐閣、二〇〇五年）
徳永哲也『はじめて学ぶ生命・環境倫理――「生命圏の倫理学」を求めて』（ナカニシヤ出版、二〇〇三年）
長野大学編『いのちの対話――ふたたび生と死を考える』（郷土出版社、二〇〇六年）
米本昌平『バイオポリティクス――人体を管理するとはどういうことか』〈中公新書〉（中央公論新社、二〇〇六年）

第12章　人間論としての福祉社会哲学

1　人間の生存保障

年金・医療制度の危機

二十世紀後半からの先進資本主義諸国の福祉政策は、社会主義諸国への対抗上、あちらの社会政策の「いいとこ取り」をしたという面がある。高度成長と労働者の比較的平等な生活保障を果たした、と二十世紀後半には一応評価されていた日本は、ある研究者によれば、最も社会主義的な成功例らしい。一九六〇年代に整備された国民皆年金・国民皆保険は、旧軍人や公務員のみに与えられていた老後の所得保障を国民全員に広げ、保険証一枚あれば日本中どこでも割安に医者に診てもらえるという恩恵をもたらした。たしかに、世界に誇れる国民平等の制度であったと言っていい。

「であった」と過去形で語らざるをえなくなりつつあるのが辛いところである。日常生活に必要な最低限の所得も、病気やけがのとき治療費をあまり気にせず医者にかかれることも、人間としての生存保障の要件であるはずなのだが。

国民皆年金について言えば、安定的企業の厚生年金や公務員などの共済年金はまだ維持されているが、自営業者などの国民年金は「空洞化」が指摘されている。毎月の一万三千余円の年金保険料が払えなくて、将来の受給資格となる二十五年以上の納入など考えられず未加入状態となっている対象者は三十数パーセントもいる。特に若者に未加入者が多い。フリーター生活などでそもそも収入が少ないし、「自分が年を取ったところには払った分も取り戻せないらしい」という噂を聞いて加入する気にならないようだ。企業も「正社員は会社側が保険料半額負担」を嫌って非正規労働者を増やしているし、中小企業だと厚生年金制度からはずれて社員を国民年金制度の方に投げ出すところも出ている。老後の所得保障は国全体で崩れつつあるとも見える。老齢（退職者）年金以外の障害者年金などでも、財源不足から将来の給付を危ぶむ声がある。

国民皆保険についても、もはや「皆保険」ではない、とも言われる。やはり毎月の健康保険料が払えず、保険証を持てない人が増えているのだ。保険証がないと治療費は全額自己負担になるから、風邪をひいて一回病院に行っただけでも一万円くらいかかる。通院を控えてよけいに体を壊すという悪循環も起こっている。保険証を持っていても病院窓口での自己負担金は一割から二割、そして三割と制度改正ごとに増えてきたから、このお金が払えなくて困っている人もいるし、「貸し倒れ」で病院側が困る事例も増えている。

危機は「仕方がない」のか

年金も医療も月々の保険料払いの見返りに得られる保障だから、払わない人は自業自得だ、という見方もあるだろう。しかしそもそも、低所得者でも生涯にわたって何とか暮らしていけるように、退職後も天寿をまっとうできるように、というのが年金制度の趣旨であり、お金の心配をせずに医療にかかれるように、というのが健康保険制度の趣旨である。日本国民なら誰でも健康で文化的な最低限度の生活を、という憲法第二十五条は、有名無実となるのだろうか。

「国民」というくくりも、実は洗い直した方がいい。産業構造の都合で部分的に３Ｋ職場を中心に受け入れている外国人労働者が、社会保障で不利な立場に置かれていることも忘れてはならない。とにかく、障害者も病者も、子どもを抱えていてフルタイムでは働けない人も、一家の働き手を失った家族も、ぜいたくをしなければ毎月暮らせて、体調が悪ければ早目に病院に行けて、老後も金が尽きて早死にするような事態は避けるというのは、もし日本が「豊かで文化的」な居住地ならば、当たり前にしなければならないはずである。

「危機」や「限界」が仕方のないものとして語られる。景気はやや回復基調とはいえ、昭和期中盤以降の高度成長はもはや望めない。まさか経済植民地を作って利益を吸い上げられるわけではないし、地球環境を考慮すればバリバリ工業化ともいかない。成長のおこぼれで税収を上げ、バラマキ福祉をやれる時代ではないのだ。しかも日本は少子高齢化が欧米先進諸国より急速で、働いて稼ぐ層は減るのに年金と医療に頼る層は増える。どこかで切り捨てる弱肉強食は仕方がない。資本主義は自由競争だから敗者が出るのも当然で、下手に弱者保護を手厚くすると国際競争に負けてしまう。——こんな論調が幅を利かせている。

だが、本当にそれでいいのか。低賃金・非正規の労働者は明らかに構造的に作られている。正社員の方も恵まれてはおらず、人員削減で過重労働に追い詰められている。若者のフリーター・ニート状況を批判する向きもあるが、次世代を育てない会社、飛び込んで行きたくない世の中を作ったのは大人たちではないか。その大人も、中高年の自殺者が増えるなど、およそ幸せとは思えない。

経済政策、労働問題、医療・福祉事業など、具体的に戦略を立て直すべき点は多い。しかしその前に、根本的な「人間の生存保障」として、人と人がともにある世での生き方と生かされ方の基本像を、もう一度考えた方がよさそうだ。

2　福祉政策を内省する哲学

生きる基盤の確保

人間の生存が保障されない状況は、年金や医療だけではない。「最後のセーフティネット」と呼ばれる生活保護が、今の日本では大きく揺らいでいる。不況や高齢化などで生活保護の受給者は約百四十万人（日本人口の一・一パーセント）、費用は年間約二兆七千億円、いずれもここ十年で一・五倍に膨らんでいる。国や自治体の財政も厳しいから、最近は「適正化」と称して相談者の門前払いや申請者の却下が相次いでいる。行政側の「水際作戦」が断行されているのである。おかげで、本当に食べ物にも医療に困って餓死・衰弱死という事例もあるし、自殺や心中にいたることもある。他方、生活保護に頼らずに頑張っても保護給付費以下の収入しか得られない「ワーキングプア」という皮肉な階層も生まれている。

高齢者の状況も気の毒だ。第二次大戦後の混乱期を働き抜いてやっと豊かな長寿社会を築いた（六十五歳以上はいまや国民の二一パーセント）というのに、医療・介護費増大や社会活力低下のお荷物扱いされかねない。二十年後には医療給付費が今の二倍の年間五十六兆円になってその大半は老人医療費だとか、介護給付費が四倍の十九兆円になるだとか、脅し文句ばかりが目につく。二〇〇六年からの制度改正（改悪？）で高齢者の窓口負担は増やされているし、介護受給者が多すぎると見なされた「要支援と要介護1」は「要支援1と要支援2と要介護1」に再分類され、つまりは給付費を減らされているのだ。

これでは生きる基盤が確保されているとは言えない。実際われわれは、貧困や老々介護から死にいたった事件を耳にすると、「早く生活保護をしてあげたら」「介護保険を目一杯使わせてあげたら」などと同情する。三百五十万人の身体障害者、四十万人の知的障害者、二百五十万人の精神障害者についても、「合わせて国民の五パーセントもいるなら特殊な例ではないし、それなりに生存権が保障されるように」と多くの人が考える。人間として普通に生きること、人生に起こりうる災難はそれなりに受け止めて、一人で受け止めきれないものは助け合って、納得できる生き抜き方をすることに、地域社会や行政が冷淡であってよいはずがない。ナショナルミニマム（国による最低保障）は、時代や場所によって水準を変えられてしまうが、ゼロでよいという議論は出てこないだろう。

福祉を「みんなのもの」にする思考

「福祉はいまや単なる弱者救済ではない」と何度訴えても、「要は豊かさのおこぼれ」「甘やかしすぎてはいけない」「頑張って稼いでいる者のやる気をそがないように」といった反論は出てくる。正義や善悪を感情レベルで語り合っても事態は好転しないから、金勘定も厳粛に考えて、建設的な現実策を提言する必要がある。ただ、人は何に喜び、満足し、生きていてよかったと思えるのかを、率直に考える姿勢は忘れずにいたい。

政治とはそもそも、限られた財を正当性のある権力によって分配することであるから、福祉政策も、適正な財源の確保と公平な分配の実現に、議論は集約される。その適正さ、公平さが、立場によって違って見えてしまうのが厄介なところで、一方の人には富を吸い上げられるのが不平等に思えたり、一方の人には分配が行き渡らないのが不平等に思えたりする。完全な正解は見つかりにくいが、富の片寄りが大きいのは、やはり社会の安全性・安定性に反する状況が生まれやすい。

富者は、タックスヘイブン（税をあまり取られない国や地域）に資産を移したり、静かな郊外に大邸宅を構えたりはできるかもしれないが、そこに三百六十五日引きこもって経済生活を送ることはできない。最大の安全と安定は、塀で囲い込むことによってではなく、どこへ出て行っても尊敬と信頼の視線の方が多いという状況を作ることによって得られるのだ、と悟るべきである。分配を受け取る立場にいる者も、「一生もらって得しよう」などと考えてはいない。筆者の知る障害者の多くは、障害者年金をずっともらい続けることよりも、仕事をして納税者の側に回ることを望んでいる。

福祉の思考は平等主義の押しつけではない。人はそれぞれ違うし、人生はデコボコだらけである。生涯を終えるときに、金や労力の供出の方が多かったとか受け取りの方が多かったとかは、結果としてはあるだろう。肝心な点は、それを損得で考えるか、達成感や感謝で胸に刻むかという違いであり、人が幸せに人生を締めくくれるかは、そこの思いの持ち方と伝え方にかかっている。

3　生存保障の福祉政策哲学

社会保障への基本的視座

年金や医療、高齢者介護や生活保護など、すべてを包括する社会保障政策を本気で考えるのは簡単ではない。財政シミュレーションもそこそこ筋を通して示さねばならない。本書でそこまではできないが、いくつかのイメージを語ることはできそうである。

日本社会の現在と未来という場面で語るならまず、年金制度の破綻、医療費の過重負担、高齢社会の危機、という言説には冷静に対処しよう、と主張したい。年金は、たしかに世代や階層によるムラはあるが、積立金や制度改革から考えて、ある日に空中分解することはない。医療費は、経済協力開発機構（ＯＥＣＤ）三十か国のなかで国内総生産（ＧＤＰ）比では十八位と少ない方だし、医師・看護師数も先進諸国の比較では多くはない。少子高齢化はたしかに急速で合計特殊出生率も一・二五まで下がったが、欧米より後発の急成長国としては必然でもある。さらに後発となるアジアＮＩＥＳ（韓国、台湾、香港、シンガポール）はもっと極端だし、二十世紀終盤の二十年間に一人っ子政策をとった中国の人口ピラミッドのゆがみの心配はもっと大きい。そして幸い日本の場合、高齢者予備軍である団塊の世代は、学生運動の荒波もくぐっていて、そこそこ使い物になる。かれらとともに作れる戦略は、いろいろありそうだ。

日本は危機管理がなっていない、脆弱だ、と言われるが、ここ十年の経済危機や自然災害を思い出してみよう。デフレに苦しんだ日本だが、タイや韓国の通貨危機に比べれば傷ははるかに浅い。地震や津波や台風で被害を受けた日本の地域の人にはお見舞いを申し上げるが、インドネシアや中国の被害者数や復興の遅れの方がずっと痛ましい。ボランティアの力量も含めて、日本の復元力は実は大したものなのである。そして、近い将来、日本よりも深刻な少子高齢化と福祉の財源・技術・人材の不足に見舞われるのが確実なアジア諸国にとって、日本は貴重なアジア型福祉モデルを提供する立場になるのだ。

基本所得と参加所得

「社会保障」というより、筆者の理念では「人間の生存保障」の政策ということになるのだが、ここで全面展開する余裕はないので、キーコンセプトだけを挙げておく。

まず、貨幣経済の世の中で、金換算が一番分かりやすいのなら、高齢者や障害者や生活保護給付対象者に限らず、すべての人に無条件の「基本所得」を生存最低保障費として給付することを提案する。いわば、高齢者向けにある基礎年金を全員のベースにするのである。これによって現在ある諸給付の認定手続きコストは大幅に削減できる。全員受給だから、ウェルフェア・スティグマ（弱者の烙印を押されることによるプライドの喪失）もウェルフェア・フロード（不正受給など福祉へのただ乗り）も大きく除去できる。問題は財源である。基本は保険料ではなく税と考えている。消費税の欧米並みの値上げはやむなしとするし、相続税や贈与税はしっかり取る。みんな基本的所得は得ているのだから、安月給の者からも所得税は取ってあいまいな控除はやめる。課税の累進率は、高額所得者がタックスヘイブンに逃げ出さない程度にギリギリ高くする。

「基本所得」にすぐ向けられる反対意見は、「働かざる者食うべからず」論である。しかし、ワーキングプアの悪循環を断ち切るのに最低限保障は役立つ。そもそも、働いている者はその働き分だけ食っているのか。自然の恩恵や先祖の文明遺産に食わせてもらっている部分も大きいのではないか。ならば、働かずに海辺で寝そべっているフリーライダーにも、食いぶちを回してもらう権利はある。

それに、あくせく働かないかれらの方が、地球環境にはやさしく、森林伐採取引で大商いをする商社マンの方が、罪作りかもしれないのだ。

それでも、「基本所得はニートと引きこもりを増やす」という議論はあるだろう。そこで、働きやすいはずの年齢層には、基本所得をやや押さえて「参加所得」にかなり置き換えることを併せて提案する。ケアワークや環境ボランティアなど地域ごとにメニュー表を作って、それに参加することで所得を得るようにする。「生産活動でないことに労賃は払えない」という批判が聞こえてきそうだが、今の世の中、農工業に代表されるような生産活動でない仕事はいくらでもある。先の商社マンの例のように、生産活動は環境消耗活動になりやすいのだから、そちらがよいとは言い切れない。

「参加所得」も財源は税で、と考えている。保険料を加入者から集めてそれで給付するという保険制度は、民間保険か会社などの組合保険に限定してよいのではないか。始めるのに多少は行政府からの援助があってもよいとは思うが、基本的には税で賄う保障と保険料で賄う保障とは区別するのが分かりやすい。

プラスター・モデル

筆者の社会保障の概念を図に示すなら、以下のようになる（図12－1）。ヨコ長に生まれてから死ぬまでの生存保障を税で賄われる帯があって、タテ長に自分の稼ぎで保険料を支払って保障を分厚くできる帯がある。後者には退職後や家族の分もカバーできる保険商品も作る。幅広の絆創膏あるいは膏

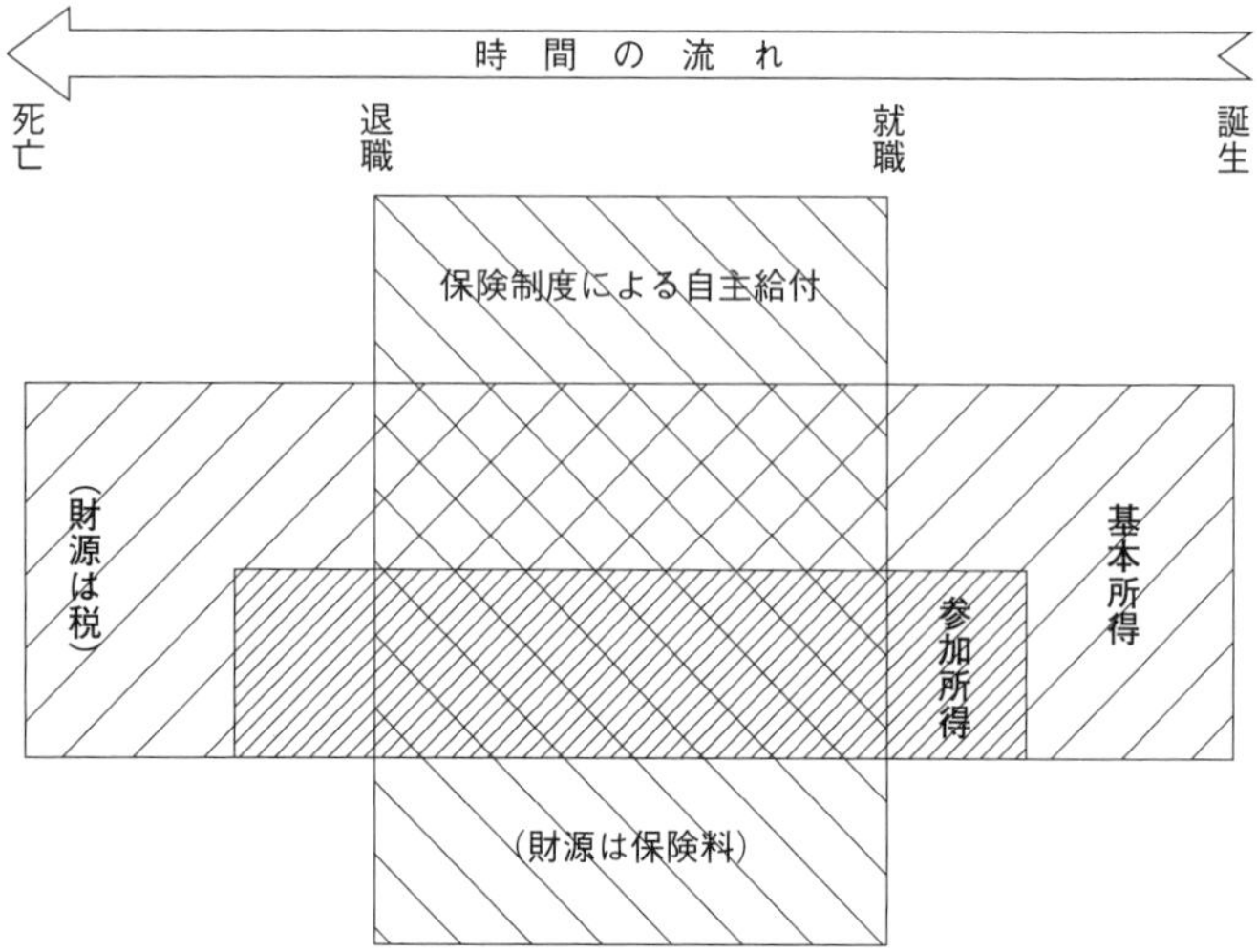

図 12－1　生存保障のプラスター・モデル

薬をタテヨコに張って弱いところを守るというイメージなので、筆者はこれを「生存保障のプラスター（膏薬）・モデル」と勝手に名づけている。

とりあえずは生活費を賄う年金として「基本所得」「参加所得」「プラスター・モデル」を語ったが、医療給付なども同様の発想でモデル化できると考えている。

福祉哲学としての理念とその具体化は、これからも筆者の課題になっていく。抽象的な理念の議論だけにとどまらないようにと、少しだけ政策提言の端緒を示したが、より現実的に考えるとどうなるのか、これからも追究していきたい。

〔参考文献〕

内橋克人『〈節度の経済学〉の時代――市場競争至上主義を超えて』（朝日新聞社、二〇〇三年）
塩野谷祐一『経済と倫理――福祉国家の哲学』（東京大学出版会、二〇〇二年）
アマルティア・セン、徳永澄憲・松本保美・青山治城訳『経済学の再生――道徳哲学への回帰』（麗澤大学出版会、二〇〇二年）
武川正吾『福祉社会――社会政策とその考え方』〈有斐閣アルマ〉（有斐閣、二〇〇一年）
広井良典『持続可能な福祉社会』〈ちくま新書〉（筑摩書房、二〇〇六年）
トニー・フィッツパトリック、武川正吾・菊地英明訳『自由と保障――ベーシック・インカム論争』（勁草書房、二〇〇五年）

あとがき

あなたはこの本を読み終えて、どんな印象を持っただろうか。何かのヒントは得られただろうか。五名の共著者は何度かの打ち合わせを重ね、特に編集世話人の構成プランに沿って、役割を分担した。共著として、それぞれの特性がうまく折り合って、読者の包括的な理解に役立ってくれることを願う。

景気が多少回復しても、「人の世の生きづらさ」はあまり改善されていないように見える。この共著では、各著者が分担と協力を意識しつつ、限られた紙幅で今の日本をはじめとする福祉社会を展望しようとしてきた。諸問題を探りながら、特に「こころ」のあり方や諸施策への「納得」の作り方を考えてきたつもりである。「福祉と人間」という題目の下に、わたしたち共著者は二年がかりの準備を重ねてきた。心理学や社会学や教育学を含む包括的な現代哲学の書として、あるいは「哲学」や「心理学」といった学問名にとらわれずに今という時代を考える書として、多くの人に参考にしてもらいたい。わたしたち共著者も、今回の共同作業で互いに刺激を得ながら数歩ずつ前に進むことができた。まだ不十分なところは、各著者が次の課題として、それぞれの仕事で応えていくことになるだろう。次の共同作業の機会が来れば、そこで共鳴者としてあるいは批判者として役割を果たしてくれるのは、今この本を手にしているあなたかもしれない。

福祉と人間のあり方について、哲学者を中心に共同で考えるという作業は、今回ひとつのかたちになった。これからも、さまざまな学問領域の研究者や実践者が、議論し合って世に問いかけていく営みは重要であろう。この本を参考に、いろいろな問いかけ合い、知恵の出し合いが、世間に広まってくれれば、幸いである。「しんどさ」を感じる現代ではあるが、工夫と努力を重ねている人もあちこちにいることを励みとして、ともに考え、できることから実行に移していこう。

この本の刊行にあたってお世話になったナカニシヤ出版の方々、特に津久井輝夫さんにはこの場を借りてお礼を申し上げる。わたしたちはさまざまな人に支えられて今ここにいることに感謝し、今度はわたしたちの存在が誰かの生きるヒントや手助けになることを念じて、共著者代表の結びの言葉としたい。

二〇〇六年十月

第5巻編集世話人
徳永哲也

ヤ・ラ・ワ　行

タ　行

ナ　行

ハ・マ　行

索　　引

ア　行

カ　行

サ　行

馬嶋裕（まじま・ひろし）
1968年生まれ。大阪大学大学院文学研究科博士課程単位取得退学。哲学・倫理学専攻。博士（文学）。大阪産業大学非常勤講師。『西洋哲学史入門——6つの主題』〔共著〕（梓出版社，2006年），『知の21世紀的課題——倫理的な視点からの知の組み換え』〔共著〕（ナカニシヤ出版，2001年），「ミルの倫理学説における「性格」概念の意義」（『倫理学研究』第32集，2002年），他。
〔担当〕第Ⅴ部（第9章，第10章）

■著者略歴（執筆順）

徳永哲也（とくなが・てつや）

1959年生まれ。大阪大学大学院文学研究科博士課程単位取得退学。哲学・倫理学専攻。長野大学教授。『たてなおしの福祉哲学』（晃洋書房，2007年），『はじめて学ぶ生命・環境倫理――「生命圏の倫理学」を求めて』（ナカニシヤ出版，2003年），『安全・安心を問いなおす』〔編著〕（郷土出版社，2009年）他。

〔**担当**〕まえがき，第Ⅰ部（第1章，第2章），第Ⅵ部（第11章，第12章），あとがき

杉山崇（すぎやま・たかし）

1970年生まれ。学習院大学大学院人文科学研究科博士課程単位取得退学。心理学専攻。山梨英和大学専任講師。『心理臨床の基礎学と折衷・統合的心理療法』〔共編〕（ナカニシヤ出版，近刊），『抑うつの臨床心理学』〔共著〕（東京大学出版会，2005年），「抑うつと対人関係要因の研究――被受容感・被拒絶感尺度の作成と抑うつ的自己過程の検討」（『健康心理学研究』19巻2号，2006年），他。

〔**担当**〕第Ⅱ部（第3章，第4章）

竹村洋介（たけむら・ようすけ）

1958年生まれ。東京大学大学院教育学研究科博士課程単位取得退学。社会学専攻。近畿大学非常勤講師。『近代化のねじれと日本社会』（批評社，2004年），『学校の崩壊』〔共著〕（批評社，2002年），『ひきこもり』〔共著〕（批評社，2002年），他。

〔**担当**〕第Ⅲ部（第5章，第6章）

亀口公一（かめぐち・こういち）

1950年生まれ。京都教育大学教育学科卒業。心理学専攻。NPO法人アジール舎運営「児童デイころぽっくる」所長。「心理支援の有用性とその限界」（『臨床心理学研究』第43巻1号，2005年），「心理臨床の哲学」（『臨床心理学研究』第37巻3号，2000年），「〈自閉症を生きる〉青年のまなざしとその20年史」（『発達療育研究』第11巻，1995年），他。

〔**担当**〕第Ⅳ部（第7章，第8章）

シリーズ〈人間論の21世紀的課題〉⑤
福祉と人間の考え方

2007年 2 月9 日　初版第 1 刷発行
2010年 2 月25日　初版第 2 刷発行

著　者　徳永哲也
　　　　亀口公一
　　　　杉山　崇
　　　　竹村洋介
　　　　馬嶋　裕
発行者　中西健夫

発行所　株式会社　ナカニシヤ出版
〒606-8161　京都市左京区一乗寺木ノ本町15
電　話（075）723-0111
F A X（075）723-0095
http://www.nakanishiya.co.jp/

製本・印刷／亜細亜印刷

ISBN978-4-7795-0112-8　Printed in Japan